Lars Plettenberg

Von START zu NEW START

Das Dilemma und die Zukunft der Nuklearen Abrüstung

Bachelor + Master
Publishing

Plettenberg, Lars: Von START zu NEW START. Das Dilemma und die Zukunft der Nuklearen Abrüstung, Hamburg, Diplomica Verlag GmbH 2012
Originaltitel der Abschlussarbeit: Die Nukleare Abrüstung nach dem Ende des Ost-West Konfliktes: Quellenkritische Überprüfung und Zukunftsaussichten

ISBN: 978-3-86341-496-2
Druck: Bachelor + Master Publishing, ein Imprint der Diplomica® Verlag GmbH, Hamburg, 2012
Zugl. Christian-Albrechts-Universität zu Kiel, Kiel, Deutschland, Bachelorarbeit, September 2011

Bibliografische Information der Deutschen Nationalbibliothek:
Die Deutsche Nationalbibliothek verzeichnet diese Publikation in der Deutschen Nationalbibliografie; detaillierte bibliografische Daten sind im Internet über http://dnb.d-nb.de abrufbar.

Die digitale Ausgabe (eBook-Ausgabe) dieses Titels trägt die ISBN 978-3-86341-996-7 und kann über den Handel oder den Verlag bezogen werden.

Inhalt

1 Fragestellung

„[…]both sides overburdened by the cost of modern weapons, both rightly alarmed by the steady spread of the deadly atom, yet both racing to alter that uncertain balance of terror that stays the hand of mankind's final war."[1]

US-Präsident John F. Kennedy sagte diesen Satz in seiner Amtseinführungsrede am 20. Januar 1961. Die Kernaussage dieses Satzes hat bis heute wenig von ihrer Gültigkeit verloren. 48 Jahre später hält der neue US-Präsident Barack Obama in Prag eine Rede, die für Aufsehen sorgt, weil sie die Hoffnung auf eine atomwaffenfreie Welt, ein Global Zero, zum langfristigen Ziel der amerikanischen Außenpolitik erhebt:

„Today, the Cold War has disappeared but thousands of those weapons have not. In a strange turn of history, the threat of global nuclear war has gone down, but the risk of a nuclear attack has gone up. More nations have acquired these weapons."[2]

Obwohl zwischen diesen beiden Reden beinahe ein halbes Jahrhundert vergangen ist, in dem elementare Veränderungen des weltpolitischen Systems stattgefunden haben, verbindet die beiden Aussagen mehr als dass es sie trennt. Die Existenz einer Vielzahl der erwähnten Waffen und das „Gleichgewicht des Schreckens" sind auch nach dem Zusammenbruch der Sowjetunion nicht aus der Weltpolitik wegzudenken.

Zum Zeitpunkt der Rede von US-Präsident Obama in Prag sind die Verhandlungen der beiden größten Atommächte Russland und USA über einen neuen umfangreichen Abrüstungsvertrag in vollem Gange. Der NEW START-Vertrag wird schließlich im April 2010 von den Präsidenten Russlands und den Vereinigten Staaten von Amerika unterschrieben. Der Vertrag wird von einer Vielzahl Politikern und Organisationen überschwänglich begrüßt. So nennt ihn beispielsweise die deutsche Bundeskanzlerin Dr. Merkel „einen wichtigen Meilenstein in der Entwicklung einer strategischen Partner-schaft mit Russland"[3], und der deutsche Außenminister Dr. Westerwelle wird in der Wochenzeitung „DIE ZEIT" vom 23.12.2010 mit dem Satz zitiert, er erwarte ein „Jahrzehnt der Abrüstung"[4].

Die Fragen, die im ersten Schwerpunkt dieser Arbeit zu beantworten sind, sind fol-gende:

---

[1] Kennedy, John F.: Amtseinführungsrede, 20. Januar 1961,
  Quelle: http://www.americanrhetoric.com/speeches/jfkinaugural.htm, 30.08.2011.
[2] Obama, Barack: Prague Speech 5. April 2009,
  Quelle: http://prague.usembassy.gov/obama.html, 30.08.2011.
[3] DIE ZEIT 23.12.2010, Quelle: http://www.zeit.de/politik/ausland/2010-12/start-abruestungsvertrag-usa,
  30.08.2011.
[4] Ebd.

Welche Wirkung hatten und haben die vier großen Abrüstungsverträge für strategische Nuklearwaffen auf die Waffenarsenale der Atommächte, bzw. welche Auswirkungen wird der NEW START-Vertrag auf die Art und die Anzahl der Waffensysteme haben?

Welche tatsächliche Abrüstung verbirgt sich in den veröffentlichten Zahlen? Um dies zu untersuchen, konzentriert sich die Arbeit auf die Analyse der relevanten Artikel der Verträge und auf die Analyse der Nachweisdokumente.

Von diesen Ergebnissen ausgehend, folgt eine Analyse der spezifischen Stellung der Nuklearwaffen in den Sicherheitsdoktrinen derjenigen Staaten, die Nuklearwaffen besitzen. Ziel ist dabei herauszufinden, auf welche Art und Weise die Gewichtung der eigenen Rolle in den Doktrinen Einfluss auf die fortwährende nukleare Abrüstung haben kann.

Der zweite Schwerpunkt dieser Arbeit ist, die Verbindung von Strategischer Stabilität und nuklearer Abrüstung darzustellen und dabei mögliche Auswege aus dem „Gleichgewicht des Schreckens" aufzuzeigen.

2. Definition des Begriffes Abrüstung

Unter Abrüstung im militärischen Sinne versteht man die quantitative und qualitative Verringerung der Waffenarsenale und des militärischen Personals[5]. Auch Nuklearwaffen nehmen in Bezug auf diese Definition erst einmal keine Sonderstellung ein. Dennoch ergeben sich aufgrund der sensiblen Komponenten von Nuklearwaffen Konfliktpotentiale, die im Rahmen von völkerrechtlich wirksamen Abrüstungsverträgen eine genauere Definition für den Begriff Abrüstung erforderlich machen.

Das Abrüsten, vor allem das quantitative Reduzieren von konventionellen Waffen, ist im Vergleich zum Abrüsten von Nuklearwaffen ein recht einfacher - in manchen Fällen sogar ein einträglicher - Vorgang. Das Abrüsten von großen konventionellen Kriegsschiffen, von Flugzeugen bis hin zu Panzern, liefert in der Regel eine beachtliche Menge an wieder verwertbaren Materialien. Als Beispiel sei hier das „Abrüsten" der Deutschen Hochseeflotte, die sich 1919 in Scapa Flow auf den Orkney Inseln selbst versenkt hatte, genannt. Ein wesentlicher Teil der Inselwirtschaft beruhte in den nachfolgenden Jahren auf der Bergung und dem Abbau dieser künstlichen Ressource.

Die Problematik der Nuklearwaffen liegt in großen Teilen darin, dass es sich hierbei um Waffen handelt, deren Aufbau von komplexer Technologie und im Umgang hochsensiblen Materialien geprägt ist. Die Abrüstung von Nuklearwaffen ist ein Prozess, der mit einem gleich hohen technischen Aufwand verbunden ist wie die Herstellung der Waffen selbst. Eine der großen Herausforderungen ist der Verbleib der uranhaltigen, bzw., plutoniumhaltigen Komponenten der Waffen. Hierbei geht es nicht nur darum sicherzustellen, dass solches Material wirksam unter Verschluss gehalten wird und Dritten nicht zugänglich gemacht wird, sondern es geht auch darum, ob Plutonium oder Uran, welches aus Waffen stammt, die abgerüstet wurden, erneut in den militärischen Kreislauf gelangen darf.

Die Geschwindigkeit, mit der Nuklearwaffen tatsächlich abgerüstet werden, erschließt sich also nicht nur aus der Realisierung des eigentlichen technischen Prozesses, sondern auch aus den erforderlichen und verfügbaren finanziellen Ressourcen der Staaten.

---

[5] Vgl. Nohlen, Dieter: Kleines Lexikon der Politik, S.1.

3. Die vier Verträge

In der Zeit nach dem Zusammenbruch der Sowjetunion 1991 und dem damit verbundenen Ende des Ost-West-Konfliktes, bis zu der Unterzeichnung des „NEW START" Vertrages am 08. April 2010 in Prag durch US-Präsident Barack Obama und den Präsidenten der Russischen Föderation Dmitry Medwedew, ist der Prozess der nuklearen Abrüstung der beiden Großmächte USA und Russland, vormals Sowjetunion, geprägt durch die vier großen Abrüstungsverträge für strategische Nuklearwaffen, welche zwischen den beiden Staaten verhandelt und abgeschlossen wurden.

Die vier Abrüstungsverträge sind:

- START I-Vertrag
- START II -Vertrag
- SORT-Vertrag
- NEW START-Vertrag

Die erste Phase nach der Unterzeichnung des START I-Vertrages ist ein Beispiel für die Effektivität eines Schneeballprinzips für weitere unilaterale Abrüstungsankündigungen, welche beide beteiligten Staaten vornahmen. [6]

Dies lies Zweifel aufkommen, ob der fortlaufende Prozess der Abrüstung weiterhin in Form großer Konferenzen und Verträge ablaufen soll, oder ob die Dynamik der unilateralen Ankündigungen dafür nicht besser geeignet wäre. Die Geschichte zeigt jedoch, dass der Abrüstungsprozess in den 90er und 2000er Jahren nicht die rasante Entwicklung nahm, die man 1991 prognostiziert hatte.

3.1 START I

3.1.1 Geschichte

Der „Strategic Arms Reduction Treaty" kurz START, später START I genannt, ist das Ergebnis von Verhandlungen, die bereits 1982, also mitten im Ost-West Konflikt, von den USA und der Sowjetunion begonnen wurden. Zum Abschluss kam der Vertrag am 31. Juli 1991. Nach Auflösung der Sowjetunion trat der Vertrag mit dem Zusatz des

---

[6] Vgl. Presidental Nucelar Initiatives (PNI) 27.9.1991. http://www.armscontrol.org/factsheets/pniglance, 30.08.2011.

Lissabon-Protokolls [7], und nach der Ratifizierung des NPT durch die Nuklearwaffen besitzenden Nachfolgestaaten der Sowjetunion (Belarus, Ukraine und Kasachstan) erst am 5. Dezember 1994 in Kraft. Im START I-Vertrag war eine Laufzeit von 15 Jahren vorgesehen, mit einer Option zur Verlängerung des Vertrages um 5 Jahre.[8]

Die Option zur Verlängerung wurde von den USA und von Russland nicht gezogen, und der START I-Vertrag lief mit Ablauf der 15 Jahre im Dezember 2009 aus.

3.1.2 Bestimmungen

Der START I-Vertrag folgt im Prinzip einer einfachen Struktur.

Einer vorher definierten nuklearen Waffengattung werden wirksame Obergrenzen für Waffe und Trägersystem gesetzt. Waffensysteme, die oberhalb dieser Grenze liegen, müssen nach den Regularien des START I-Vertrages abgerüstet werden. Die Abrüstung selbst erfolgt dabei nach den im Zusatzprotokoll festgelegten Bestimmungen[9] und geht mit einer anschließenden Verifikation durch das im Vertrag eingerichtete Verifikations-regime einher. Die Besonderheit des START I-Vertrages ist ein Abrechnungsverfahren, welches sich je nach Waffensystem und Staat unterschiedlich auf die festgelegte Obergrenze auswirkt. Zu diesen Obergrenzen kommt eine Begrenzung für das maxima-le „Throw Weight" der Arsenale.

Der START I-Vertrag legt dabei folgende Grenzen fest:

- In Artikel II a wird die Obergrenze an eingesetzten Trägersystemen[10] auf 1.600 für jede Seite festgelegt.
- In Artikel II b wird die Zahl der „deployed warheads" auf 6.000 je Seite, davon maximal 1100 Gefechtsköpfe auf mobilen ICBMs. Eine Sonderrolle nehmen im Vertrag die sog. „Heavy ICBMs" ein, deren Zahl auf 154 mit maximal 1.540 Gefechtsköpfen beschränkt wird.[11]

---

[7] Belarus, Ukraine Kazachstan übergeben ihre Nuklearwaffen an Russland.
[8] START Treaty Article XVII 2 Quelle: www.state.gov, 30.08.2011.
[9] Vgl. Protocol on Conversion or Elimination of Items Subject to the Treaty. Quelle http://www.fas.org/nuke/control/start1/text/coretoc.htm#convpro/protocol, 30.08.2011.
[10] ICBM and ICBM Launchers SLBM and SLBM Launchers, Heavy Bombers ICBM and SLBM warheads and Bomber arnaments [...].
[11] Vgl. Definitiond Annex 39 Heavy ICBM means an ICBM of a type, any one of which has a launch weight greater than 106,000 kilograms or a throw weight greater than 4350 kilograms.

- In Artikel IV sieht der START I-Vertrag ausführliche Beschränkungen für die sog. „non deployed" ICBMs, SLBMs, Heavy Bombers und deren zugehörige Trägersysteme vor. So darf zum Beispiel die Zahl der „non deployed" ICBMs für mobile Systeme 250 nicht überschreiten.[12] Eine genaue Beschreibung der dort festgelegten Zahlen ist für die Beantwortung der Fragestellung an dieser Stelle jedoch nicht relevant.

Diese Obergrenzen sollen innerhalb der Laufzeit des Vertrages stufenweise erreicht werden. In Artikel II 2 a heißt es dazu: „Each Party shall implement the reductions pursuant to paragraph 1 of this Article in three phases [...]."[13]

Die erste Stufe des Vertrages sieht vor, dass beide Staaten innerhalb von 36 Monaten nach Inkrafttreten des Vertrages eine Grenze von 2.100 eingesetzten ICBMs, SLBMs und schweren Bombern erreicht haben. Weiterhin sollen die eingesetzten Gefechtsköpfe auf 9.150, davon wiederum 8.050 Gefechtsköpfe auf ICBMs und SLBMs, beschränkt werden.[14]

Die zweite Stufe sieht vor, dass beide Mächte innerhalb von 60 Monaten nach Inkrafttreten des Vertrages die eingesetzten ICBMs, SLBMs und Heavy Bombers weiter auf 1.900 reduzieren. Die Zahl der Gefechtsköpfe soll nunmehr maximal 7.950 betragen, davon maximal 6.750 auf eingesetzten ICBMs und SLBMs.[15]

Die letzte Stufe sieht vor, dass 84 Monate nach Inkrafttreten des Vertrages die Obergrenzen nach Artikel II 1 von beiden Seiten erreicht sind. [16]

Die bereits erwähnte Besonderheit des START I-Vertrages besteht darin, dass es sich bei den festgelegten Obergrenzen um solche für anrechenbare Systeme handelt. Dies bedeutet in der Realität, dass bei einer Obergrenze von 6.000 anrechenbaren Gefechtsköpfen es durchaus möglich ist, mehr Gefechtsköpfe einzusetzen und dennoch die Grenze von 6.000 anrechenbaren einzuhalten.

Für die vom Vertrag betroffenen Waffensysteme werden in Artikel III nachfolgende Regeln festgelegt: In Bezug auf die Zählung von ICBMs, SLBMs und deren „Launch Canister" zählt jedes System als eines. In Bezug auf die Zählung der „deployed warheads" zählt jedes „reentry vehicle" als ein Gefechtskopf. Jeder deployed Heavy

---

[12] START Article IV 1a.
[13] START Article II 2.
[14] START Article II 2a I, II, III.
[15] START Article II 2b I, II, III.
[16] START Article II 2c.

Bomber, fähig zum Abschuss von „Long range ALCMs", zählt als ein Trägersystem. Jedoch gilt für die ersten 150 dieser Bomber für die USA die Zahl der Gefechtsköpfe als 10, obwohl die Bomber vom Typ B52 H bis zu 20 Gefechtsköpfe tragen können. Für die Sowjetunion gilt für die ersten 180 dieser Bomber die Zahl der Gefechtsköpfe als 8, obwohl die Bomber 16 Gefechtsköpfe tragen können.

Bomber, die nicht „long range ALCM" fähig sind, gelten als ein Trägersystem mit einem Gefechtskopf.[17] Diese Anrechnungsregeln belohnen die langsamen Systeme, wie die Heavy Bomber, und bestrafen die besonders destabilisierenden Systeme, wie die MIRV-fähigen ICBMs.

3.1.3 Abrüstung

Die Abrüstung der Waffensysteme im Rahmen des START I-Vertrages erfolgt nach den Regeln, welche im „Protocol on Procedures Governing the Conversion or Elimination of the Items Subject to the Treaty between the United States of America and the Union of Soviet Republics on the Reduction and Limitation of Strategic offensive Arms" festgelegt wurden. Das Protokoll unterscheidet dabei Aktionen, welche der ausführende Staat vor Ankunft eines Inspektionsteams ausführen darf und soll und Aktionen, welche nur unter der im Verifikationsregime vorgesehenen Kontrolle stattfinden dürfen. Bedeutsam dabei ist, dass bereits im erstgenannten Teil der Aktionen, die Pflicht, die Gefechtsköpfe zu entfernen[18] sowie das Recht, die Rakete aus dem „Launch Canister" zu entfernen und in die einzelnen Stufen zu zerlegen, enthalten ist.[19] Die im Vertragswerk festgelegte Zerstörung derjenigen Systeme, die über den erlaubten Grenzen liegen, wird in dem Protokoll ebenfalls genau festgelegt. So wird z.B. festgelegt, dass der Treibstoff von Feststoffraketen entfernt werden muss oder die einzelnen Stufen abgebrannt werden oder durch Sprengung zerstört werden müssen.[20] Es wird des Weiteren sichergestellt, dass elementare Teile, wie die Front Sektion, Teile des Antriebs und der Hülle durch mechanische Zerstörung oder durch Sprengung vernichtet werden.[21]. Das

---

[17] Vgl START I Article III 1-4.
[18] Vgl Protocol Article I 2a.
[19] Vgl Protocol Article I 2c.
[20] Vg. Protocoll I 4a.
[21] Vgl Ebd. I 4 ff.

Protokoll sieht jedoch die Möglichkeit vor, die „Launch Canister" für die Benutzung von nach dem Vertrag erlaubten Raketen umzuwandeln.

Diese detaillierte Beschreibung der Maßnahmen, welche erforderlich sind, um die Vertragsbestimmungen einzuhalten, ist bei einem Vertrag vom Umfang des START I-Vertrags dringend geboten.

Die Unterzeichnermächte des START I-Vertrages geben sich gegenseitig alle 6 Monate in einem sog. „Memorandum of Understanding", kurz „MOU", Aufschluss über die erfolgten Maßnahmen und erreichten Zahlen. Die „MOU-Data" der beteiligten Staaten ist daher die erste Quelle, um zu überprüfen, welche Abrüstung tatsächlich stattgefunden hat. Kerndaten sind dabei die als Ziel genannten Zahlen zu den im Vertrag festgelegten Stufen.

Zu Beginn der Laufzeit des START I-Vertrages besitzen die Vereinigten Staaten nach ihrer „MOU-Data" ein Arsenal von 2.264 Trägersystemen mit 10.563 darauf stationierten Gefechtsköpfen. Die Sowjetunion besitzt dagegen ein Arsenal von 2.500 Trägersystemen mit 10.271 darauf stationierten Gefechtsköpfen. Das bedeutet, beide Staaten müssen im Bereich der Trägersysteme 29 %, bzw. 36 % abrüsten. Bei den Gefechtsköpfen müssen beide Staaten ca. 42% ihrer Arsenale abrüsten.

Hier tritt jedoch eine Besonderheit des START I-Vertrages auf. Das Verfahren des „Downloading" erlaubt den beiden Staaten, die Anzahl der Gefechtsköpfe einer MIRV-fähigen Raketen zu verringern. Die Menge der nach diesem Verfahren reduzierten Gefechtsköpfe darf nach Artikel III 5 des START I-Vertrages die Zahl von 1.250 nicht überschreiten.

In den Tabellen [22] wird erkennbar, dass die beiden Staaten die einzelnen Stufengrenzen jeweils erreicht haben, jedoch sind diese Zahlen unter dem Einfluss der speziellen Zählregeln des START I-Vertrages zu sehen. Die Zahl der Gefechtsköpfe, welche auf den „long range ALCM-fähigen Bombern" stationiert sind, ist höher als in der „MOU-Data" angegeben.

Kontrovers zu betrachten sind die Maßnahmen, die aus Artikel IV 4 des START I-Vertrages resultieren. Hier ist es sowohl den USA als auch Russland erlaubt, ausgemusterte Raketen als Trägersysteme für den Transport ziviler Satelliten zu benutzen. Zwar ist die Zahl, der auf solche Art genutzten „Launch Systems", auf 20 beschränkt,

---

[22] Siehe. Anhang Tabelle 1-3.

dazu noch verteilt auf maximal 5 Basen, wobei die Anzahl der dort gelagerten Raketen die Anzahl der „Launch Systems" nicht überschreiten darf. Beide Staaten nutzten diese Möglichkeit für die MX Peacekeeper auf amerikanischer Seite und für die SS 18 und SS 25 auf russischer Seite. Die Problematik einer solchen Möglichkeit zeigte sich spätestens dann, als Aleksandr Yakovenko, ein Mitglied des russischen Außenministeriums, den USA am 4. Januar 2001 vorwarf, den Vertrag zu verletzen, indem sie nur die Frontplattform ihrer MX Peacekeeper zerstörten, nicht aber die ganze Rakete. [23]

Der Begriff „Abrüstung" ist im START I-Vertrag mit umfangreichen Anweisungen versehen, auf welche Art und Weise die Abrüstung erfolgen soll. Darüberhinaus ist der Begriff „Abrüstung" an die spezielle Zählweise gekoppelt, die dem Vertrag innewohnt. Das hat zur Folge, dass die nach START-Regeln veröffentlichten Zahlen nicht in vollem Umfang den realen Arsenalen der beiden Staaten entsprechen muss.

3.2 START II

3.2.1 Geschichte

Der START I-Vertrag mit seinem komplexen Regelwerk entstand in seit 1982 zwischen den USA und der Sowjetunion geführten, langwierigen Verhandlungen. Schon während der Endphase dieser Verhandlungen zu Beginn der 90er Jahre des vorigen Jahrhunderts zeigte sich, dass die festgelegte Obergrenze von 6.000 Gefechtsköpfen nicht der neu entstandenen weltpolitischen Situation entsprach. Begleitet von weiteren unilateralen Abrüstungen führte dies auf direktem Wege zur Aufnahme von Verhandlungen für einen Nachfolgevertrag des START I-Vertrages.

Am 3. Oktober 1993 unterzeichneten der Präsident der USA George H.W. Bush und der Präsident der Russischen Föderation Boris Jelzin den neuen START II genannten Vertrag, also noch bevor der START I-Vertrag überhaupt in Kraft getreten war. Der Vertrag sollte daher auch alle im START I-Vertrag beschlossenen Bestimmungen nicht beeinträchtigen, es sei denn. dass dies im START II-Vertrag so festgelegt wurde. Der START II-Vertrag wurde vom US-Senat am 26. Januar 1996 ratifiziert. Die russische Duma ratifizierte den Vertrag jedoch erst am 14. April 2000 mit der Kondition, dass die Vereinigten Staaten den ABM-Vertrag von 1972 achten. Die USA kündigten diesen

---

[23] Radio Free Europe/Radio Liberty Newsline Vol. 5, No 3 Part I, 5 Januar 2001, Quelle: http://www.fas.org/nuke/control/start1/news/treaty-start1-010105.htm, 30.08.2011.

jedoch endgültig im Juni 2002. Der START II-Vertrag ist somit völkerrechtlich nicht in Kraft getreten.

Obwohl der START II-Vertrag niemals in Kraft getreten ist, liefern seine Bestimmungen dennoch nicht nur ein Abbild der veränderten Rolle der Atomwaffen in den 90er Jahren des 20 Jahrhunderts, sondern bilden im gewissen Sinne auch den Hintergrund für eine Anzahl an Maßnahmen von Abrüstungen, welche von beiden Staaten gezwungenermaßen auf Basis des START I-Regimes durchgeführt wurden.

Gleichermaßen zeigt das Scheitern des START II-Vertrages im Zusammenhang mit dem ABM-Vertrag, dass die Suche nach einer neuen „Strategischen Stabilität" und einer neuen Rolle der Atomwaffen darin nicht erfolgreich war.

3.2.2 Bestimmungen

Der START II-Vertrag unterscheidet sich im Grundprinzip zunächst einmal nicht vom START I-Vertrag. Vorher definierten Waffensystemen werden wirksame Obergrenzen gesetzt und überzählige Waffen abgerüstet. Bestimmungen des START I-Vertrages bleiben, wenn nicht explizit geändert, auch für den START II-Vertrag in Kraft. Der START II-Vertrag sieht dabei vor, bis zum Ende der ersten Phase, 7 Jahre nach Inkrafttreten des START I-Vertrages, die Grenze von 3.800-4.250 Gefechtsköpfen auf beiden Seiten zu erreichen. Dabei gilt es zu beachten, dass der START II-Vertrag auf realen Zahlen beruht und auf das Anrechnungssystem des START I-Vertrages verzichtet. Die Zahl der erlaubten Trägersysteme bleibt, wie im START I-Vertrag, bei 1.600. Der START II-Vertrag legt einen besonderen Fokus auf die Abrüstung von MIRV-fähigen Waffensystemen. Er beschränkt die Anzahl der Gefechtsköpfe auf diesen Systemen in der ersten Phase auf 1.200. Dazu wird in der ersten Phase die Zahl der Gefechtsköpfe auf SLBMs auf 2.160 und die Zahl der Gefechtsköpfe. die auf den Heavy ICBMs stationiert sind, ist auf 650 beschränkt.[24]

Das Ende der zweiten Phase war zunächst für den 1. Januar 2003 vorgesehen. Im New York Protocol[25] wurde die Zeitspanne bis zum 31. Dezember 2007 verlängert. Es war vorgesehen, bis zum Ende dieser Zeitspanne die Zahl der Gefechtsköpfe auf beiden

---

[24] START II Vertrag Article I 1, 2.
[25] Protocol to the Treaty between the United States of America and the Russian Federation on further reduction and limitation of Strategic offensive Arms of January 3 1993. Quelle: http://www.bits.de/NRANEU/START/documents/start2/97/New_York_Protocol.htm, 30.08.2011.

Seiten bis auf 3.000-3.500 zu reduzieren. Davon sollten nur noch 1.700-1.750 auf SLBMs stationiert sein. Gleichzeitig sollten sowohl die Gefechtsköpfe auf den Heavy ICBMs als auch auf den MIRV-fähigen Raketen vollständig abgebaut sein.

Um dies zu erreichen, sollte die bereits aus dem START I-Vertrag bekannte Methode des „Downloading" ausgebaut werden. Hierbei sollte es den USA erlaubt sein, die Minuteman III von drei auf einen Gefechtskopf zu reduzieren. Russland darf die SS17 von vier auf einen Gefechtskopf und 105 Einheiten der SS19 von sechs auf einen Gefechtskopf reduzieren. Einzig die restlichen SS19 und die bis zu 10 Gefechtsköpfe tragenden SS18 auf russischer Seite und MX Peacekeeper auf US-amerikanischer Seite müssen nach den im START I-Vertrag festgelegten Prozeduren vollständig abgerüstet werden.[26]

3.2.3 Abrüstung

Der START II-Vertrag sah vor, im Wesentlichen die Maßnahmen, die im START I-Vertrag festgelegt wurden, zu benutzen, um die nötige Abrüstung durchzuführen und zu verifizieren. Eine Besonderheit stellen die Russischen SS18-Raketen dar, deren Launch Canister im START I-Vertrag noch zur Nutzung anderer Raketentypen umgewandelt werden durften. Der START II-Vertrag sah vor, dass sowohl Rakete als auch der Launch Canister zerstört werden muss, damit das Waffensystem aus den START II-Grenzen herausfällt.

Die Schwierigkeiten, eine erreichbare und erreichte Abrüstung auf Basis des Start II-Vertrages zu untersuchen, liegt darin, dass der Vertrag nicht in Kraft getreten ist. Der Ratifizierungsprozess dauerte auf russischer Seite zu lange und war zudem begleitet von der Veränderung in der weltpolitischen Situation. Auch um Druck auf die russische Duma auszuüben, verbot der Kongress mit der „Section 1302 of the National Defense Authorization Act for Fiscal Year 1998" dem Präsidenten der Vereinigten Staaten die Reduzierung bzw. Abrüstung des amerikanischen Nukleararsenals unter die Grenzen, die im START I-Vertrag festgelegt worden sind, bis zu dem Zeitpunkt zu dem der START II-Vertrag in Kraft tritt. Diese Verordnung wurde zwar 1999 verändert, um die Abrüstung von Trident-Raketen zu erlauben, gänzlich aufgehoben wurde sie jedoch erst im Juli 2001, nachdem die Duma den Vertrag im April 2000 ratifiziert hatte.

---

[26] START II Vertrag Article III 2c.

Da der START II-Vertrag jedoch nicht in Kraft trat, ist die erkennbare Abrüstung lediglich zum Ende der Laufzeit des START I-Vertrages, in den Fact Sheet 2009[27] zu betrachten. Hierzu zählen auch die mit dem START II-Vertrag eigentlich obsoleten Anrechnungsregeln für die Obergrenzen von Gefechtsköpfen und Trägersystemen. Dennoch zeigt das Fact Sheet 2009, dass Russland die Anzahl der eingesetzten Trägersysteme auf 814 und die USA die Zahl ihrer Trägersysteme auf 1.198 reduziert haben. Dies ist weit unter dem Level von 1.600 Trägersystemen, den der START I-Vertrag setzte. Zur Erinnerung: Der START II-Vertrag verzichtete auf die Begrenzung der Trägersysteme.

Die Zahl der eingesetzten Gefechtsköpfe beläuft sich laut Fact Sheet 2009 auf 3.909 auf Seiten Russlands und 5.576 auf Seiten der USA. Hier zeigt sich das Scheitern des Vertrages. Beide Arsenale sind unterhalb des Minimums des START I-Vertrages, aber eben nicht unterhalb der im START II-Vertrages gesetzten Grenze von 3.000-3.500 Gefechtsköpfen (Stand 2007). Die Vereinigten Staaten haben im Zeitraum von 2002-2005 ihre MX Peacekeeper-Raketen außer Dienst gestellt, dagegen befanden sich im russischen Arsenal Ende 2005 immer noch 104 SS18-Raketen. Auch hier sind die Bestimmungen des START I-Vertrages erfüllt, jedoch nicht die Ziele von START II-Vertrages.

Es ist deutlich erkennbar, dass das Scheitern des START II-Vertrages im Prozess der nuklearen Abrüstung eine deutliche Lücke hinterlassen hat.

3.3 SORT

3.3.1 Geschichte

Am 24. Mai 2002 unterzeichneten US-Präsident George W. Bush und der Präsident der Russischen Föderation Vladimir Putin den „Strategic Offensive Reductions Treaty" kurz SORT oder auch „Moscow treaty" genannt. Der Vertrag trat zum 1. Juni 2003 in Kraft und läuft bis zum 31. Dezember 2012. Der Vertrag sieht die Möglichkeit vor, durch eine Einigung beider Staaten verlängert oder durch einen weiteren Vertrag ersetzt zu werden. Letzteres erfolgte durch die Unterzeichnung des NEW START-Vertrages am 8. April 2010 in Prag.

---

[27] START AGGREGATE NUMBERS OF STRATEGIC OFFENSIVE ARMS 2009 Quelle: http://www.state.gov/t/avc/rls/130149.htm, 30.08.2011.

3.3.2 Bestimmungen

Der SORT-Vertrag fällt bereits in seinem Umfang im Vergleich zu den START I- und START II-Verträgen deutlich ab. Beide Verträge beinhalten im reinen Vertragstext jeweils 19 Artikel, während der SORT-Vertrag lediglich 5 Artikel beinhaltet.

Der SORT-Vertrag sieht vor, dass beide Staaten die Anzahl ihrer „operationaly deployed strategic warheads" bis zum 31. Dezember 2012 auf 1.700-2.200 reduzieren.[28] Auf welche Art und Weise die Gefechtsköpfe auf den verschiedenen Waffensystemen in den Arsenalen eingesetzt werden, bleibt dabei zur freien Entscheidung jedes Staates.[29]

Der START I-Vertrag und seine Bestimmungen werden in Artikel II des SORT-Vertrages explizit bestätigt. Dies gilt auch für das im START I-Vertrag eingeführte Verifikationsregime, da der SORT-Vertrag kein eigenes System der Verifikation vorsieht, mit Ausnahme der Einführung zweier jährlicher Treffen der Vertragspartner[30].

3.3.3 Abrüstung

Die Funktionsweise des SORT-Vertrages folgt erst einmal den selben Prinzipien, denen auch die START-Verträge I und II unterliegen. Das bedeutet, die Einführung einer wirksamen Obergrenze, im SORT-Vertrag für „operationaly deployed strategical warheads."

Die Problematik des SORT-Vertrages liegt jedoch darin begründet, dass der Vertrag darüber hinaus keinerlei Bestimmungen beinhaltet, die die Anzahl der Gefechtsköpfe in Reserve betrifft, wie dies beispielsweise im START I-Vertrag noch der Fall war.

Darüber hinaus verändert der SORT-Vertrag nichts an den im START I-Vertrag festgelegten Anrechnungsregeln oder der Aufstellung von MIRV-fähigen Raketen, wie es der START II-Vertrag vorgesehen hatte. Der SORT-Vertrag ist also in gewissem Sinne nicht mehr als eine Einführung einer weiteren Obergrenze, zusätzlich zu denen des START I-Vertrages. Die tatsächliche Abrüstung wurde auf amerikanischer Seite in den „anual reports oft he implementation oft he Moscow treaty"[31] jährlich dokumentiert. Da der SORT-Vertrag selbst kein Verifikationssystem vorsieht, kann die erfolgte Abrüstung außerdem anhand der Berichte über die Implementierung des START I-Ver-

---

[28] SORT Article I.
[29] SORT Article I.
[30] SORT Article III.
[31] Quelle: http://www.state.gov/t/avc/rls/rpt/108870.htm, 30.08.2011.

trages untersucht werden. Der „SORT-Bericht" 2006 benennt die Anzahl der Gefechtsköpfe mit 3.878 auf amerikanischer Seite, während der START-Bericht 2006 die
Anzahl der Gefechtsköpfe mit 5.966 angibt. Der Unterschied, der zwischen den beiden
o.g. Quellen zu erkennen ist, ergibt sich aus der Besonderheit des SORT- Vertrages, der
sich nur auf „operationily deployed strategic warheads" bezieht.

Waffen in Reserve oder in Wartung fallen nicht unter die Kriterien des SORT-
Vertrages. Die folgende Grafik zeigt deutlich, dass die Zahl der unter die SORT-
Bestimmungen fallenden Gefechtsköpfe im amerikanischen Arsenal etwa 50 % der
strategischen Gefechtsköpfe des Arsenals ausmacht. Äußerst problematisch ist auch,
dass Russland nicht gezwungen ist, die amerikanische Definition von operationaly
deployed strategic warheads" zu übernehmen, um seine Abrüstungen zu dokumentieren.

U.S. Nuclear Warheads 2009	
Warhead Category	**Number of Warheads**
Operationally deployed strategic*	2,200
Operational deployed tactical	500 (200 in Europe)
Total Operationally Deployed	**2,700**
Reserve (active and inactive)	2,500
Total Stockpile	**5,200**
Retired (awaiting dismantlement)**	4,200
Total Inventory	**9,400**

* Under the 2002 Moscow Treaty, the United States defines "operationally
deployed strategic warheads" as "reentry vehicles on intercontinental ballistic
missiles (ICBMs) in their launchers, reentry vehicles on submarine-launched
ballistic missiles (SLBMs) in their launchers on board submarines, and nuclear
armaments loaded on heavy bombers or stored in weapons storage areas of heavy
bomber bases."
** Under current plans, approximately 350 warheads are dismantled each year
and the backlog of retired warheads scheduled to be dismantled by 2022.
Hans M. Kristensen, Federation of American Scientists, 2009

In Bezug auf den SORT-Vertrag entspricht der Begriff „Abrüstung" also nicht zwin-
gend in seiner Bedeutung einer Abrüstung wie sie in den START I- und II-Verträgen
definiert war. Da zur Ermittlung der erfolgten Abrüstung aber die Größe des Nuklear
Stockpiles und nicht der „operationily deployed strategical warheads" entscheidend ist,
sind die START-Berichte von größerer Bedeutung als die „SORT-Berichte".

Die für die tatsächliche Abrüstung zu untersuchende Zeitspanne geht von der Meldung
am 5. Dezember 2001, dass die im START I-Vertrag vorgesehen Limits erreicht wur-

den, bis zur Meldung vom 9. Februar 2009, dass die im SORT-Vertrag vorgesehen Limits erreicht wurden.

Zu Beginn dieser Zeitspanne umfasste das Arsenal der USA 5.949 Gefechtsköpfe und das Arsenals Russlands 5.520. Die „START" I-Zahlen vom 1. Januar 2009 geben für die USA 5.576 und für Russland 3.909 Gefechtsköpfe an. Die Zahlen für den 1. Juli 2009 sogar 5916 für die USA und 3897 für Russland. Die wirklich erfolgte Abrüstung auf Seiten der USA ist also wesentlich geringer als es nach den SORT-Zahlen den Anschein hat.

Dennoch lässt sich feststellen, dass zumindest die Abrüstung der amerikanischen MX Peacekeeper-Raketen von der US-Regierung direkt mit dem SORT-Vertrag in Verbindung gebracht wird.[32] Die bereits erwähnte Kontroverse, auf welche Art die MX Peacekeeper-Raketen abgerüstet wurden, ob durch Entfernen der Frontsektion oder durch Zerstörung der gesamten Rakete, ist sinnbildlich für die Schwäche des SORT-Vertrages, der auf ein eigenes Verifikationsregime verzichtet hat.

3.4 NEW START

3.4.1 Geschichte

Am 8. April 2010 unterzeichneten US-Präsident Barack Obama und der Präsident der Russischen Föderation Dmitri Medwedew in Prag den NEW START genannten Nachfolgevertrag des START I-Vertrages.

Die Verhandlungen zu diesem aktuellsten Vertrag zur Abrüstung nuklearer Waffen begannen bereits im Oktober 2008, nachdem die Verhandlungen zur Verlängerung des START I-Vertrages gescheitert waren. Am 5. Dezember 2009 endete die Laufzeit des START I-Vertrages und die Unterzeichnung des NEW START-Vertrages bereits am 8. April 2010 bedeutet im Vergleich zu den fast ein Jahrzehnt dauernden Verhandlungen des START I-Vertrages eine erstaunlich kurze Zeitspanne. Ausschlaggebend hierfür war nicht unbedingt die vielbeachtete Rede von US-Präsident Barack Obama in Prag am 4. April 2009, sondern vielmehr das große Interesse beider Staaten, die Strategische Stabilität nach Auslaufen des START I-Vertrages durch einen neuen Vertrag mit

---

[32] Vgl. "Anual Report of the implementation of the Moscow treaty" Quelle:
http://www.state.gov/t/avc/rls/rpt/108870.htm, 30.08.2011.

vereinbarten Verifikationsregime zu stärken, da ein solches durch den einzigen derzeit aktiven SORT-Vertrag nicht gegeben war.

Die Unterzeichnung des NEW START-Vertrages ist begleitet durch eine - besonders in der europäischen Medien –und Politiklandschaft positive, optimistische Berichterstattung. So bezeichnet beispielsweise Martin Klingst in der Wochenzeitung „DIE ZEIT" vom 9.04 2010 die Unterzeichnung des Vertrages als „verheißungsvollen Anfang" und spricht in Bezug auf die folgenden Entwicklungen und mit Bezug auf den NPT von „einem viele Wochen andauernden Abrüstungsreigen"[33]. Die Frankfurter Allgemeine Zeitung (FAZ) berichtet in einem ähnlichen Stil: „Das ist zweifellos ein Erfolg - aber dennoch in jeder Hinsicht erst ein Anfang" und bezieht sich dabei auf die in Aussicht gestellten Verhandlungen über die Abrüstung von taktischen Nuklearwaffen.

Dies alles verdeutlicht die vorherrschende Meinung über den NEW START-Vertrag als einen Neubeginn der amerikanisch-russischen Abrüstungsbemühungen. Der Vertrag ist jedoch - wenn auch wesentlich weniger in der öffentlichen Diskussion – begleitet von dem Ringen beider Staaten um die Aufstellung eines Raketenabwehrsystems in Europa. Die Pläne der damaligen Bush-Administration hatten in der Vergangenheit nachhaltig letztlich zum Scheitern des START II-Vertrages beigetragen. In Anbetracht dieses weiterhin bestehenden Problems eines Raketenabwehrsystems ist es dennoch als Erfolg anzusehen, das der NEW START-Vertrag schließlich doch am 5. Februar 2011 in Kraft trat und somit nach Artikel IV 2 des SORT-Vertrages diesen ersetzt.

3.4.2 Bestimmungen

Der NEW START-Vertrag beinhaltet drei Bereiche: das eigentliche Vertragswerk, ein „Protocol of the Treaty" und die „Technical Annexes".

Im „Protocol of the Treaty" werden ähnlich dem START I-Vertrag die grundlegenden Definitionen festgelegt und die zur Einhaltung der Vertragsbestimmungen nötigen Maßnahmen ausführlich beschrieben und definiert. Im Wesentlichen folgt auch der NEW START-Vertrag der aus dem START I-Vertrag bekannten Systematik und legt für definierte Waffensysteme wirksame Obergrenzen fest.

---

[33]Klingst, Martin: Der START ist nur ein Auftakt, http://www.zeit.de/politik/ausland/2010-04/nukleare-abruestung-verhandlungen, 30.08.2011.

Das aus den START I- und START II-Verträgen bekannte Verifikationsregime bestehend aus „National technical Means" und Inspektionen vor Ort, sowie gegenseitigem Datenaustausch wurde im NEW START-Vertrag deutlich ausgebaut und stellt im Vergleich zum SORT-Vertrag einen wesentlichen Fortschritt dar. Eine genauere Betrachtung ist jedoch zur Beantwortung der Fragestellung im ausführlichen Umfang nicht notwendig.

Der NEW START-Vertrag sieht eine Laufzeit von 10 Jahren nach Inkrafttreten vor, verbunden mit der Option, den Vertrag durch Verhandlungen um bis zu 5 weitere Jahre zu verlängern. Jedoch ist es beiden Staaten erlaubt, sich im Falle das „[…]extraordinary events related to the subject matter of this Treaty have jeopardized its supreme interests" [34] aus dem Vertrag zurückzuziehen. Eine mögliche Situation für diesen Vorbehalt ist von russischer Seite bereits mit der Gefährdung der russischen Interessen durch die mögliche Errichtung eines Raketenabwehrsystemes durch die USA, bzw. die NATO, formuliert worden.[35]

Die begrenzenden Regularien, die der NEW START-Vertrag in den Artikeln II a,b,c festlegt, sind nachfolgend aufgeführt :

- Die Anzahl der „deployed ICBMs, SLBMs und der Heavy Bombers" wird auf 700 für jede Seite beschränkt.
- Die Anzahl der darauf stationierten Gefechtsköpfe wird auf 1.550 und die Anzahl der „deployed" und „non-deployed" „Launch Canister" wird auf 800 beschränkt.[36]

Vorgesehen im NEW START-Vertrag ist auch ein System zur Anrechnung von „deployed warheads" und „Launch Canisters". Es sieht vor, das jede „deployed" ICBM, SLBM oder jeder Heavy Bomber in Bezug auf die in Artikel II a festgelegte Obergrenze von 700 als ein System zählt.

In Bezug auf die Zahl der Gefechtsköpfe zählt die Anzahl der auf ICBMs und SLBMs stationierten „reentry vehicles". Heavy Bombers zählen jedoch für die Anrechnung zur Obergrenze als Systeme, die mit einem Gefechtskopf bestückt.

---

[34] NEW START Article XIV 3.
[35] Inventory of International Nonproliferation Organizations and Regimes
Center for Nonproliferation Studies, NEW START Treaty S.1. Quelle: http://cns.miis.edu/, 30.08.2011.
[36] NEW START Treaty Article II a-c.

In Bezug auf die in Artikel II c festgelegte Grenze zählt jedes „deployed" und „non-deployed" System als ein System.[37] Ähnlich - wie bereits im SORT-Vertrag festgelegt - bleibt die Zusammensetzung der Arsenale im Rahmen der festgelegten Grenzen in der freien Entscheidung jedes Staates.

Taktische Nuklearwaffen sind erneut - wie bereits im START I-Vertrag, im START II-Vertrag und im SORT-Vertrag - kein Bestandteil des neuen Vertrages.

3.4.3 Erforderliche Abrüstung

Im Protokoll zum NEW START-Vertrag ist vorgesehen, das der erste Datenaustausch der beiden Staaten spätestens 45 Tage nach Inkrafttreten des Vertrages geschieht. Dies bedeutet jedoch, dass aufgrund des Auslaufens des START I-Vertrages im Dezember 2009 und aufgrund des Fehlens eines wirksamen Verifikationsregimes im SORT-Vertrag zwischen den letztmalig übermittelten START I-Daten und den erstmalig übermittelten NEW START-Daten eine Zeitspanne ohne veröffentlichte Daten über den Status der Arsenale liegt. Das „Stockholm International Peace Research Institut", kurz „SIPRI", beziffert die Anzahl der „deployed warheads" für die USA im Januar 2010 mit 2.468 und die Russlands mit 4.630[38]. Rechnet man die ebenfalls von „SIPRI" erwähnten 2.600 Reserve-Gefechtsköpfe hinzu, erhält man die Größe des „nuclear stockpiles" der USA. Diese Größe entspricht ziemlich genau der Anzahl der Gefechtsköpfe, die die USA selber im „Fact Sheet" vom 3. Mai 2010 angeben hat. Diese Angaben berücksichtigen jedoch noch nicht die im NEW START-Vertrag verwendeten Zählregeln. Differenzen zeigen sich im Vergleich der Zahlen aus dem „SIPRI"-Yearbook 2011, Stand Januar 2011, mit den Zahlen, die 45 Tage nach Inkrafttreten des Vertrages von beiden NEW START-Vertragspartnern veröffentlicht wurden. . SPIRI gibt hier die Anzahl an „deployed warheads für die USA mit 2.150 und für Russland mit 2.427 an.[39] Die Daten des NEW START-Vertrages, Stand 5. Februar 2011, nennen dagegen für die USA 1.800 „deployed warheads" und für Russland 1.537 „deployed warheads". Die Unterschiede bei Russland lassen sich in einem solch kurzen Zeitraum nicht durch wirkliche Abrüstung, sondern allein durch die Anwendung der neuen Zählregeln erklären. Es ist vor allem dadurch zu erklären, dass im NEW START-Vertrag die Gefechtsköpfe auf Heavy Bombers nur als ein Gefechtskopf zählen. Im Jahre 2010 hatte Russland ca. 850

---

[37] NEW START Treaty Article III 1-3.
[38] http://www.sipri.org/research/armaments/nbc/nuclear, 30.08.2011.
[39] SIPRI Yearbook 2011 Chapter 7 http://www.SIPRI.org/yearbook/2011/07, 30.08.2011.

Gefechtsköpfe für 77 Heavy Bombers, welche nun nach den neuen Zählregeln für den NEW START-Vertrag mit jeweils nur einem Gefechtskopf auf die Maximalzahl der erlaubten Gefechtsköpfe angerechnet werden. Aus einem Arsenal von ca. 850 werden auf diese Art und Weise rechnerisch 77 Gefechtsköpfe, ohne jedoch einen einzigen Gefechtskopf tatsächlich abgerüstet zu haben. [40] Desweiteren fällt bei den von den Staaten veröffentlichten Zahlen auf, dass Russland nur in der Kategorie der „deployed and non-deployed launchers" die Grenze von 800 übersteigt. Zu einer wirklichen Abrüstung auf russischer Seite kommt es also nur in sehr begrenztem Maße. Die USA müssen ihre anrechenbaren Gefechtsköpfe dagegen von 1.800 auf 1.550 senken oder aber die Zusammenstellung ihres Arsenals zugunsten ihrer Heavy Bombers verändern.

Anhand der SIPRI-Zahlen für 2011 erkennt man folgendes: Wenn die Zählregeln des NEW START-Vertrages außer Kraft währen, müssten die USA die Zahl ihrer Gefechtsköpfe von 2.150 auf 1.550 reduzieren und Russland müsste von 2.427 auf 1.550 reduzieren.[41] Der NEW START-Vertrag wirkt auf den ersten Blick für die nötigen Abrüstungen recht ungleichmäßig verteilt.

Das Ziel des Vertrages ist offensichtlich keine radikale Reduzierung der Arsenale beider Seiten, sondern eine erneute Festigung der Grundlage der Strategischen Stabilität.

Dazu dient das Verifikationssystem, der Datenaustausch und auch die - in Bezug auf die angerechneten Gefechtsköpfe - Bevorzugung der wenig erstschlagtauglichen Heavy Bombers. In diesen Punkten steht der Vertrag ganz in der Tradition des START I-Vertrages und verzichtet vollkommen darauf, einen großen Schritt in der nuklearen Abrüstung zu tun, wie das im Falle des Inkrafttretens des START II-Vertrages der Fall gewesen wäre.

---

[40] Collina Tom Z. Russia below Some NEW START Limits in Arms Control Today July August 2011.
[41] SIPRI Yearbook 2011 Chapter 7 http://www.SIPRI.org/yearbook/2011/07, 30.08.2011.

4. Dependenz zwischen Nuklearer Abrüstung und Strategischer Stabilität

Seit dem Ende des Ost-West-Konfliktes durch den Zusammenbruch der Sowjetunion 1991 haben die USA und die Nachfolgestaaten der Sowjetunion die Größe ihrer „nuclear stockpiles" beträchtlich reduziert. Die USA senkten ihr gesamtes Arsenal inklusive der „non deployed warheads" und der taktischen Gefechtsköpfe auf ca. 8.500[42], die Russische Föderation auf ca. 11.000[43] und Kazachstan, Ukraine und Belarus verzichteten in Lissabonner Protokoll vom 23. Mai 1992 komplett auf ihre Nuklearwaffen. Dennoch lässt sich feststellen, dass sich das Konzept der Strategischen Stabilität der beiden großen Nuklearmächte USA und Russland keineswegs entscheidend gewandelt hat. Auch fast 20 Jahre nach dem Ende des Ost-West- Konfliktes wird es immer noch durch die Aufrechterhaltung einer „MAD stability" bestimmt. Die nukleare Abrüstung nach dem Ende des Ost-West-Konfliktes erfolgte immer unter der Prämisse, dass die Strategische Stabilität durch die Aufrechterhaltung der „Mutual Assured Destruction", kurz MAD, d.h. durch das sog. „Gleichgewicht des Schreckens" weiter gewährleistet ist. Nukleare Abrüstung und Strategische Stabilität bedingen einander in einer Form, dass die Minimalmenge an vorhandenen strategischen Nuklearwaffen gleich der Menge der zur Aufrechterhaltung von MAD nötigen entspricht. Eine Dependenz der maximalen Abrüstung und dem Zustand der Strategischen Stabilität durch MAD ist also zu erkennen. Solange kein neues Konzept anstelle von MAD treten kann, sind der nuklearen Abrüstung diese Grenzen gesetzt.

4.1 Mutual Assured Destruction

Um zu verstehen, wo die Grenzen der nuklearen Abrüstung unter der genannten Prämisse der Aufrechterhaltung der „MAD stability" liegen, ist es nötig, das Konzept der Strategischen Stabilität durch „MAD stability" zu erläutern. Das grundlegende Prinzip einer MAD basierenden Stabilität ist die Abschreckung des Gegners durch die wechselseitige Androhung garantierter Vernichtung. Um diese Abschreckung zu gewährleisten, sind wesentliche Teilaspekte zu beachten, welche sich unter den Begriffen Rationalität, Glaubwürdigkeit und „overkill capacity" zusammenfassen lassen.

---

[42] Quelle NTI Stockpile Chart August 2011 http://www.nti.org/db/disarmament/stockpile_chart.html, 30.08.2011.
[43] Ebd.

20

4.1.1 Rationalität

Der Begriff Rationalität leitet sich von dem lateinischen Wort ratio, Vernunft, ab und bedeutet in der Philosophie kurz und vereinfacht die Betonung der Vernunft als wesentliche Handlungsursache.

In Bezug auf die „MAD-stability" bedeutet dies, dass beide Seiten als rationale Entscheidungsträger anzusehen sind. Damit die Abschreckung funktioniert, muss jede Partei davon ausgehen, dass die jeweils andere Seite die angedrohte Zerstörung nicht zur Erreichung ihres eigenen Zieles billigend in Kauf nimmt. Die Problematik dieser Komponente liegt darin, dass es sich um eine Annahme handelt, welche spätestens in Bereichen ideologischer und religiöser Konflikte an die Grenze der Zuverlässigkeit stößt. Auch die sowjetischen Angriffspläne, welche nach dem Zusammenbruch der Sowjetunion bekannt wurden, zeugen von dieser Problematik.

4.1.2 Glaubwürdigkeit

Für die Wirksamkeit der Abschreckung ist es von elementarer Bedeutung, dass eine glaubwürdige Position auf beiden Seiten vorhanden ist. Dies muss sowohl auf menschlicher Ebene der politisch und militärisch handelnden Personen, wie auch auf technischer Ebene, gewährleistet sein. Auf technischer Ebene bedeutet dies unter anderem, dass es eine Bedrohung für die Strategische Stabilität darstellt, sollte eine Seite innerhalb einer „MAD stability" es schaffen, sich durch Abwehrmaßnahmen in die Lage zu versetzen, dass eigene Land unverwundbar gegenüber einem nuklearem Vergeltungsschlag zu machen. Als Mittel, einem potentiellen Rüstungswettlauf von Angriffs- und Verteidigungswaffen zu entgehen und gleichzeitig zur Stärkung der Strategischen Stabilität beizutragen, galt der ABM-Vertrag von 1972 - bis zu seiner Kündigung durch die Bush-Administration 2002 - als einer der Grundpfeiler der Strategischen Stabilität des kalten Krieges. Die technische Glaubwürdigkeit wird jedoch nicht alleine durch die Verwundbarkeit des eigenen Landes sichergestellt. Es ist ebenso wichtig, die eigenen Waffensysteme unverwundbar gegenüber einem nuklearen Erstschlag zu machen[44]. Möglich ist dies, indem man Leit- und Kommandostände in Bergmassive verlegt[45], Silos für ICBMs durch spezielle Beton- und Stahlkonstruktionen härtet. Ferner erhöht man die technische Glaubwürdigkeit vor allem durch die Verteilung des Zweitschlagpo-

---

[44] Nuklearer Erstschlag gleich Entwaffnungsschlag.
[45] Beispiel North American Aerospace Defense Command (NORAD) im Cheyenne Mountain, Colorado.

tentials auf Waffensysteme, welche weniger anfällig für Erstschläge sind, wie zum Beispiel SLBMs oder mobile Startsysteme für ICBMs[46].

4.1.3 Die „overkill capacity"

Die „overkill capacity" bezeichnet die Menge an strategischen Nuklearwaffen die nötig ist, einen potentiellen Gegner theoretisch mehrfach vernichten zu können. Das Aufstellen und die Aufrechterhaltung einer solchen Kapazität dienen dazu, die Chancen eines gegnerischen Entwaffnungsschlages zu minimieren indem jederzeit noch eine zur Vernichtung des Feindes ausreichende Menge an Zweitschlagwaffen zu Verfügung steht. Die angestrebte „overkill capacity" führte in der Vergangenheit des kalten Krieges auf direktem Wege zu dem enormen Anwachsen der „nuclear stockpiles" der beiden Blöcke. Somit stellt diese Komponente eine der wesentlichen Herausforderungen der nuklearen Abrüstung nach dem Ende des Ost-West-Konfliktes dar. Die Schwierigkeit dieser Komponente liegt darin, dass die erforderliche Menge von den verschiedenen Sicherheitsinteressen der beteiligten Staaten abhängt.

4.2 Die Rolle der Nuklearwaffen in den Doktrinen

Für die Untersuchung der Frage, welche Grenzen der nuklearen Abrüstung unter den derzeitigen Bedingungen der Strategischen Stabilität gesetzt sind, ist es notwendig zu ermitteln, welche Rolle den Nuklearstreitkräften der bekannten großen Atommächte USA einschließlich der NATO und Russland in den Sicherheitsdoktrinen zugeordnet wird. Dazu ist es ebenfalls notwendig, die Rolle der kleineren anerkannten Atommächte China, Großbritannien, Frankreich, Indien und Pakistan zu betrachten, um zu ermitteln, welchen Einfluss diese kleineren Atommächte auf die nukleare Abrüstung haben.

4.2.1 Die USA und die NATO

„While we seek to achieve the peace and security of a world without nuclear weapons, we will continue to maintain a safe, secure, and effective nuclear deterrent for as long as nuclear weapons exist in the world."[47] Die USA werden also auch in Zukunft zur

---

[46] Beispiel die Russische SS25 Mobile ICBM (RS 12 M).
[47] Vgl. Spirit of Prague, http://www.state.gov/documents/organization/141282.pdf, 30.8.2011.

Abschreckung von biologischen, chemischen und atomaren Angriffen eine nukleare Streitmacht aufrecht erhalten. Die genaue Rolle, welche den Nuklearstreitkräften zufällt, hat sich seit dem Ende des Ost-West-Konfliktes jedoch sowohl bei den US-Streitkräften selber, als auch im Verbund der NATO deutlich verändert. Während des kalten Krieges nahmen die nuklearen Streitkräfte innerhalb der NATO eine dominante Rolle zur Abschreckung eines massiven Angriffes der Sowjetunion bzw. der Warschauer Pakt-Staaten ein. Diese Bedrohung fällt mit dem Zusammenbruch der Sowjetunion 1991 weg. Die USA und die NATO sind gefordert, ihre strategische Ausrichtung neu zu überdenken. Die Streitkräfte der Vereinigten Staaten sehen sich heute anderen Heraus-forderungen gegenüber als zu Zeiten des kalten Krieges. Welche Rolle können Nukle-arwaffen in den heutigen „modernen" Kriegen, den hoch technologisierten Konflikten der „post cold war era" noch spielen? Von welchem Nutzen können Nuklearwaffen innerhalb der immer häufiger auftretenden asymmetrischen Kriegsführung noch sein?

Die NATO veröffentlichte 1999 die „Defense Capabilities Initiative" als Grundlage ihrer strategischen Ausrichtung zur Begegnung der Konflikte der „post cold war era". Darin zeigt sich die Neuausrichtung ihrer Strategie dahingehend, dass den Nuklearwaf-fen weiterhin eine Bedeutung bemessen wird, jedoch ist diese Bedeutung in Zukunft eher politischer Natur.[48] „Their Role is now more fundamentally political and they are no longer directed towards a specific thread." Diese Position bekräftigte die NATO in der neuen Strategie nach dem Nato Gipfel in Lissabon im November 2010 erneut.

Die Rolle der Nuklearstreitkräfte der USA wird im 2010 veröffentlichen „Nuclear Posture Review" definiert. Die USA erklären darin, dass sie auf die Nutzung oder die Androhung der Nutzung von Nuklearwaffen gegenüber Staaten, die den NPT unterzeichnet haben und seine Bestimmungen einhalten, verzichten. Staaten, für die diese Bedingung zutrifft, müssen im Falle eines Angriffes auf die USA mit chemischen oder biologischen Waffen mit massiver konventioneller Vergeltung rechnen, jedoch nicht mit nuklearer Vergel-tung[49]. Gegenüber Staaten, die nicht Teil des NPT sind, behalten die USA sich das Recht vor, im Falle eines Angriffes, der vitale Interessen der USA und ihrer Alliierten und Partner betrifft, auch einen nuklearen Gegenschlag[50] auszuführen.

---

[48] Vgl. NATO Handbook, Brüssel, 2001. S.53.
[49] Vgl. Nuclear Posture Review S.14.
http://www.defense.gov/npr/docs/2010%20Nuclear%20Posture%20Review%20Report.pdf, 30.8.2011.
[50] Vgl Nuclear Posture Review S.14f.
http://www.defense.gov/npr/docs/2010%20Nuclear%20Posture%20Review%20Report.pdf, 30.8.2011.

„Yet that does not mean that our willingness to use nuclear weapons against countries not covered by the new assurance has in any way increased. Indeed, the United States wishes to stress that it would only consider the use of nuclear weapons in extreme circumstances to defend the vital interests of the United States or its allies and partners. It is in the U.S. interest and that of all other nations that the nearly 65-year record of nuclear non-use be extended forever."[51]

Die Vereinigten Staaten geben damit klar zu verstehen, dass sie im Falle eines Angriffes durch einen anderen Staat - unter den genannten Bedingungen - vornehmlich ihr konventionelles militärisches Potential einsetzen werden und somit die Rolle der Nuklearwaffen zur Abschreckung nicht-nuklearer Attacken weiter sinken wird. Die Nuklearwaffen der USA dienen also als letztes Mittel im Falle, dass die vitalen Interessen der USA oder ihrer Alliierten bedroht sind.

4.2.2 Russland

In den 2009 veröffentlichten Dokumenten zur Strategie der nationalen Sicherheit der Russischen Föderation heißt es:

„Die Hauptaufgabe bei der mittelfristigen Stärkung der nationalen Verteidigung der Russischen Föderation besteht im Übergang zu qualitativ neuen Streitkräften, bei gleichzeitiger Erhaltung des Potenzials der strategischen Kernwaffenkräfte."[52]

Am 5. November 2010 erfolgte dann die endgültige Veröffentlichung der aktuellen Version der russischen Militärdoktrin. Darin behält sich Russland das Recht vor, im Falle eines nuklearen Angriffes und im Falle eines Angriffes mit konventionellen Waffen, der die elementare Existenz des russischen Staates bedroht, mit Nuklearwaffen zurückzuschlagen.

Die russische Doktrin beinhaltet also eine konditionierte „First Use-Klausel" für den Einsatz von Nuklearwaffen. Die angekündigten Modernisierungen sowohl der konventionellen als auch der nuklearen Streitkräfte zeigen jedoch auch, dass den nuklearen Streitkräften auch in absehbarer Zukunft eine gewichtige Rolle in der russischen Militärdoktrin zukommen wird. Wie sich die Gewichtung der Nuklearwaffen entwickelt, hängt sicherlich nach dem NATO Gipfel von Lissabon 2010 auch davon ab, in welchem Umfang eine russische Beteiligung am Aufbau eines bzw. zweier vernetzter Systeme zur Abwehr ballistischer Raketen ausfallen wird. Wenn die NATO auf Russ-

---

[51] Ebd S. 15.
[52] Vgl. Strategie der nationalen Sicherheit der RussischenFörderation bis 2020 Punkt 32. http://www.sicherheitspolitik-dss.de/autoren/lemcke/strat_09.htm, 30.8.2011.

land zugeht und Russland als gleichberechtigten Partner einbezieht, besteht für Russland weniger die Notwendigkeit seine strategischen Angriffswaffen auszubauen.

4.2.3 Großbritannien

Die British „Defence Doctrin" vom August 2008 definiert die Rolle der britischen Streitkräfte folgendermaßen:

„The UK maintains a balanced, credible military capability comprising both nuclear and conventional forces, at readiness levels consistent with the assessed threat and perceived intentions of potential opponents."[53]

Auch in Zukunft ist Großbritannien also gewillt, sowohl konventionelle als auch nukleare Waffensysteme einzusetzen. Das Hauptziel der Streitkräfte ist dabei defensiver Natur und in der Abschreckung von Angriffen jedweder Art zu sehen.

„Deterrence is at the heart of UK Defence Policy; its purpose at all levels of warfare is to dissuade a potential opponent from adopting a course of action that threatens national interests."[54]

Die nuklearen Streitkräfte Großbritanniens dienen dabei als ultimatives Mittel der Abschreckung.

„The British Armed Forces in their entirety serve to deter, with strategic deterrence ultimately underpinned by a nuclear capability."[55]

„In most instances, however, deterrence is achieved through conventional means, which offer a flexible range of postures and responses with associated levels of military and political risk."[56]

Großbritannien ist hierbei erkennbar eingebettet in die kollektive Strategiedoktrin der NATO, mit dem Fokus auf eine Strategie der „Flexible Response", welche zuallererst auf konventionellen Streitkräften basiert und die Nuklearwaffen als Ultima Ratio im Falle der Bedrohung vitaler Interessen vorsieht.

---

[53] Joint Doctrine Publication, British Defence Doctrin Kap. 1-6 Artikel 125 2008, http://www.mod.uk/NR/rdonlyres/CE5E85F2-DEEB-4694-B8DE-4148A4AEDF91/0/20100114jdp0_01_bddUDCDCIMAPPS.pdf, 30.8.2011.
[54] EBD. Joint Doctrine Publication, British Defence Doctrin Kap.1-12 Artikel 152.
[55] Ebd. Artikel 154.
[56] Ebd. Artikel 154.

4.2.4 Frankreich

Frankreichs Anschaffung von Nuklearwaffen unter der Regierung De Gaulle war ein bewusstes Zeichen der Unabhängigkeit der französischen Militärpolitik von der NATO und insbesondere von der der USA. Der wesentliche Unterschied zu der zweiten europäischen Nuklearmacht Großbritannien ist darum immer die Betonung dieser Unabhängigkeit. In dem am 17. Juni 2008 veröffentlichten „Livre Blanc" wird die Rolle der Streitkräfte folgendermaßen beschrieben:

„Dissuader, c'est l'acte qui garantit à la France sa sécurité contre tout adversaire étatique qui voudrait s'en prendre à ses intérêts vitaux, par quelque moyen que ce soit. La dissuasion nucléaire reste la garantie ultime de la sécurité et de l'indépendance de la France vis-à-vis de toute agression."[57]

Die Nuklearwaffen Frankreichs dienen also als - ebenso wie die Großbritanniens - ultimatives Mittel der Abschreckung zur Aufrechterhaltung der Sicherheit und dem Schutz der vitalen Interessen Frankreichs. Trotz der 2009 erfolgten Wiedereingliederung Frankreichs in die militärischen Strukturen der NATO, besteht weiterhin das Ziel einer vollkommenen nuklearen Unabhängigkeit Frankreichs, sowohl in Bezug auf die Möglichkeiten als auch in Bezug auf die eigene Strategie der nuklearen Streitkräfte.[58]

Präsident Sarkozy bestätigte in seiner Rede zur Präsentation des Atom U-Bootes „Le Terrible" am 21. März 2008 die Absicht Frankreichs, sein nukleares Arsenal auf unter 300 Gefechtsköpfe zu reduzieren und gleichzeitig jedoch die Modernisierung der luftgestützten und der U-Boot gestützten Nuklearwaffen voranzutreiben. In Hinblick auf die von Präsident Sarkozy genannten Gründe, wachsende Arsenale einiger Mächte (insbesondere Indien, Pakistan und China) und das Atomprogramm des Iran, ist es absehbar, dass zumindest in unmittelbarer Zukunft Frankreich an der Aufrechterhaltung seiner nuklearen Abschreckung festhalten wird.

4.2.5 China

Die Volksrepublik China ist eine der fünf von der IAEO anerkannten Nuklearmächte und zudem ein ständiges Mitglied im Sicherheitsrat der Vereinten Nationen. Im Gegensatz zu den USA und Russland, deren Arsenale durch die im Rahmen der START- und

---

[57] http://www.defense.gouv.fr/portail-defense/enjeux2/politique-de-defense/livre-blanc/fonctions-strategiques/cinq-fonctions-strategiques-assurent-la-securite-nationale, 30.8.2011.
[58] The french white papers on Defence and Security Kapitel 8. http://www.ambafrance-ca.org/IMG/pdf/Livre_blanc_Press_kit_english_version.pdf, 30.8.2011.

New START-Verträge veröffentlichten Zahlen recht gut bekannt sind, ist die Größe des chinesischen nuklearen Arsenals nur zu schätzen.

Das „US-Department of Defense" geht dabei in dem 1997 veröffentlichtem Bericht „Proliferation: Threat and Response" von ca. 100 „deployed warheads" aus[59]. Die Volksrepublik China selbst veröffentlicht im Turnus von zwei Jahren die sog. „White Papers of the Chinese Gouvernment". Darin betont die Volksrepublik China ihre Absicht, die seit den ersten Atomtest 1964 bestehende „No First Use" Doktrin auch weiterhin als Grundlage für ihre Nuklearstreitkräfte zu sehen:

> „China has always stayed true to its commitments that it will not be the first to use nuclear weapons at any time and in any circumstances, and will unconditionally not use or threaten to use nuclear weapons against non-nuclear-weapon states or in nuclear-weapon-free zons"[60]

Außerdem betont China den Verzicht auf Androhung von Nuklearschlägen gegenüber Nicht-Nuklearmächten. Chinas Nuklearwaffen dienen also anhand der in den White papers veröffentlichen Doktrin der Abschreckung von nuklearen Angriffen anderer Staaten auf chinesisches Territorium und der Durchführen eines Gegenschlages in einem solchen Falle.

4.2.6 Die anderen Atommächte

Mit Indien und Pakistan haben zwei Staaten, die zu den Nichtunterzeichner-Staaten des NPT gehören, erwiesenermaßen ein beträchtliches Arsenal an Nuklearwaffen zur Verfügung. Mit Israel ist ein weiterer Nichtunterzeichner-Staat mit großer Wahrscheinlichkeit im Besitz von Nuklearwaffen, hat deren Besitz jedoch niemals offiziell bestätigt. Nordkorea und der Iran scheinen in der Entwicklung eigener Nuklearwaffen weit fortgeschritten bzw. gewillt zu sein, eigene Nuklearwaffen zu erlangen.

Anhand der Aussagen von Frankreichs Präsident Sarkozy 2008, in denen er auf die wachsenden nuklearen Arsenale von Mächten wie Indien und Pakistan hinwies - gleichzeitig damit die Existenz der Nuklearwaffen seines Staates d legitimierte - erkennt man beispielhaft, dass die Arsenale bzw. Bestrebungen der genannten Staaten durchaus einen nicht zu unterschätzenden Einfluss auf die Politik der fünf anerkannten Atommächte haben.

---

[59] Vgl. Proliferation: Threat and response , Washington DC Department of defense 2001 S.14.
[60] White Papers, Artikel IIV, http://www.china.org.cn/government/central_government/2009-01/20/content_17155577_16.htm, 30.8.2011.

Der andauernde Konflikt von Indien und Pakistan ist dabei aufgrund seiner Brisanz ein besonderer Faktor. Indien besitzt nach Schätzungen heute ein Arsenal von 80-100 Gefechtsköpfen[61]. Die Nukleardoktrin Indiens formuliert das Ziel Indiens folgendermaßen:

„India's nuclear forces will be effective, enduring, diverse, flexible, and responsive to the requirements in accordance with the concept of credible minimum deterrence. These forces will be based on a triad of aircraft, mobile land-based missiles and sea-based assets in keeping with the objectives outlined above. Survivability of the forces will be enhanced by a combination of multiple redundant systems, mobility, dispersion and deception. "[62]

Indien strebt zur Sicherung der Glaubwürdigkeit die Errichtung einer nuklearen Triade [63] an.

Pakistan besitzt nach Schätzungen 90-110 Gefechtsköpfe[64] und sein Arsenal steigt in den letzten Jahren erstaunlich schnell an. Pakistans Ausrichtung liegt dabei vor allem auf sowohl luft- als auch landgestützten Kurz- und Mittelstreckenwaffen. Als Hauptziel der Aufrüstung kann hier der Ausgleich der konventionellen Überlegenheit Indiens in diesem Konflikt ausgemacht werden. Pakistan hat im Gegensatz zu Indien keine offizielle „No-first-Use-Klausel" veröffentlicht.

Israels Besitz von Nuklearwaffen gilt als eines der am schlechtesten gehüteten Geheimnisse. Da Israel jedoch offiziell niemals zugegeben hat, das es Nuklearwaffen besitzt existiert folglich auch keine offizielle Rolle dafür in der Militärdoktrin.

4.3 Ausweg aus MAD

Keiner der vier großen Abrüstungsverträge, die die Strategischen Nuklearwaffen betreffen, hat das grundlegende Prinzip der „Mutual Assured Destruction" als Grundpfeiler der Strategischen Stabilität verändert. In seiner Rede in Prag vom 5. April 2009 erklärte US-Präsident Barack Obama das Ziel einer atomwaffenfreien Welt zum langfristigen Ziel der US-Politik. Er selbst erkannte, dass der Weg hin zu einem „Global Zero" ein langwieriger und steiniger ist. Damit dieses hehre Ziel zu einem realistischen

---

[61] http://www.nti.org/db/disarmament/stockpile_chart.html,30.8.2011.
[62] Vgl India`s draft nuclear Doctrine, in Arms Control Today July/August 1999, 3.1, http://www.armscontrol.org/act/1999_07-08/ffja99, 30.8.2011.
[63] Stapellauf der INS Arihant im July 2009.
[64] http://www.nti.org/db/disarmament/stockpile_chart.html.30.8.2011.

politischen Ziel werden kann, muss jedoch ein Ausweg gefunden werden, die Strategische Stabilität durch ein anderes Konzept als MAD zu sichern.

Für die Aufrechterhaltung einer „MAD-stability" ist immer eine bestimmte Menge an „operational deployed nuclear weapons" notwendig. Die genaue Menge der nötigen Waffen ist dabei nicht nur abhängig vom Gegner, sondern auch von der Wahl zwischen einer „minimal deterence" oder einer „massive retaliation". Auch die technische Entwicklung des Arsenals in Bezug auf Präzision der Waffen, Frühwarnsysteme oder einer Verbesserung der eigenen Unverwundbarkeit, beeinflussen die nötige Anzahl. Gleich unter welchen Bedingungen eine „MAD-stability" existiert, sei es in den Größenordnungen des kalten Krieges mit über 20.000 Gefechtsköpfen auf beiden Seiten oder sei es in geringerem Ausmaß zwischen Indien und Pakistan, die „MAD-stability" steht einem „Global Zero" entgegen.

Die Herausforderung besteht darin, ein Konzept zum Erlangen von Strategischer Stabilität zu finden, welches an die Stelle von MAD treten kann. Es ist nicht möglich, ohne ein solches von MAD abzulassen. Ebenso ist es nicht möglich, auf ein konventionelles Kräftegleichgewicht zurückzugreifen. Die Unterschiede in den konventionellen Potentialen der momentanen Atommächte sind dafür zu groß. Von der Erkenntnis ausgehend, dass ein passendes Nachfolgekonzept für MAD erst noch entwickelt werden muss, stellen sich in der aktuellen Situation folgende Ziele auf dem Weg zu „Global Zero".

4.3.1 Abrüstung

In einem am 28.4.2010 vom US-Departement of State veröffentlichten Dokument werden die Ziele der US-amerikanischen Nuklearpolitik folgendermaßen dargestellt:

"The United States supports the Nuclear Non-Proliferation Treaty and its underlying bargain consisting of three basic pillars: countries without nuclear weapons will not acquire them; countries with nuclear weapons will pursue negotiations in good faith toward nuclear disarmament; and every nation can access peaceful nuclear energy under appropriate safeguards."[65]

Neben der Einhaltung und Stärkung des „Non-Proliferation Treaty" wird als Hauptziel die fortwährende Abrüstung aller mit Nuklearwaffen ausgestatteten Staaten angegeben. Ziel hierbei muss es sein, eine Untergrenze für den Bestand an Nuklearwaffen zu finden, die die Sicherheitsinteressen der beteiligten Staaten unter den Gegebenheiten einer „MAD-stability" wahrt.

---

[65] Us Gov Spirit of Prague, http://www.state.gov/documents/organization/141282.pdf.30.8.2011.

Auch Russland betont in den veröffentlichten Dokumenten zur Strategie der Nationalen Sicherheit vom 12. Mai 2009[66] die besondere Bedeutung die weiteren bilateralen Verträgen zur Abrüstung strategischer Nuklearwaffen beigemessen wird. Ebenso erklärt Russland darin die Bereitschaft weitere Staaten in den Prozess der fortwährenden Abrüstung strategischer Nuklearwaffen einzubeziehen[67]. Diese Erklärungen stehen jedoch unter der Konditionierung, dass Russland im Falle der einseitigen Errichtung eines globalen Raketenabwehrsystems durch die USA gezwungen ist, eine Parität bei den strategischen Angriffswaffen mit den USA zu erhalten.[68]

In erster Linie betreffen weitere Abrüstungsbemühungen die beiden großen Atommächte USA und Russland. Jedoch ist der russische Wunsch auf Einbeziehung der weiteren Atommächte Frankreich, Großbritannien und China, sowie den nicht anerkannten Atommächten Indien und Pakistan, nachvollziehbar. Insbesondere dem chinesisch-russischen Verhältnis kommt hierbei sicherlich eine bedeutende Position zu.

Fortwährende nukleare Abrüstung bezieht sich hier also primär auf die Arsenale der USA und Russlands. Die zwischen den beiden Staaten vereinbarten Anstrengungen im NEW START-Vertrag können und sollen dabei als Grundlage dienen, weitere Abrüstungen vorzunehmen. [69]

4.3.2 De-Alerting

Eine auf MAD basierende strategische Stabilität ist unter der Bedingung der Glaubhaftigkeit der Androhung von massiver Vergeltung im Falle eines Erstschlages wirksam. Eine Grundlage dieser Glaubwürdigkeit ist das Aufrechterhalten einer hohen Alarmstufe - zumindest für einen Teil der eigenen Nuklearstreitkräfte - um im Falle der Erkennung eines feindlichen Raketenabschusses die eigenen Waffensysteme einzusetzen, bevor sie durch die feindlichen Systeme ausgeschaltet werden können. Diese Strategie nennt sich „Launch on Warning" und sie ist im höchsten Maße destabilisierend und kann bei technischen oder menschlichen Fehlern zu Kettenreaktionen führen, die mit katastrophalen Folgen - bis hin zur Auslösung eines massiven Gegenschlages - enden. Ein Beispiel, welch katastrophale Folgen ein solcher technischer Fehler haben könnte,

---

[66] Vgl. [66] Vgl. Strategie der nationalen Sicherheit der RussischenFörderation bis 2020, http://www.sicherheitspolitik-dss.de/autoren/lemcke/strat_09.htm, 30.8.2011.
[67] Vgl. Strategie der nationalen Sicherheit der RussischenFörderation bis 2020,Punkt 92, http://www.sicherheitspolitik-dss.de/autoren/lemcke/strat_09.htm, 30.8.2011.
[68] Ebd punkt 96.
[69] Vgl spirit of prague , http://www.state.gov/documents/organization/141282.pdf.30.8.2011.

ist der Fall des Oberstleutnant Petrow aus dem Jahr 1983. In einem weltpolitischen Klima, das durch den irrtümlichen Abschuss einer koreanischen Linienmaschine durch sowjetische Flugabwehr, sowie durch eine Übung zur Führung eines Nuklearkrieges im Rahmen des Nato Manövers „Able Archer 83" aufgeheizt war, hätte sich die Meldung eines neuen sowjetischen Aufklärungssatelliten über amerikanische Raketenabschüsse zu einer der erwähnten Kettenreaktionen entwickelt, wenn diese nicht von Oberstleutnant Petrow durchbrochen worden wäre. Dieser Vorfall ist nicht der einzige bekannte dieser Art. Die Wahrscheinlichkeit das ähnliche Vorfälle gar nicht ans Licht der Öffentlichkeit gerieten ist sehr groß. Es zeigt vor allem zwei Dinge, die menschliche Komponente der Glaubwürdigkeit eines garantierten Gegenschlages ist - in diesem Falle zum Wohle der Menschheit - schwer sicherzustellen. Die wichtigere Erkenntnis jedoch ist, dass in einer Zeit in der die beiden größten Atommächte einander als Partner und nicht mehr als Gegner bezeichnen, es notwendig ist, die Fehlersicherheit weiter zu erhöhen damit Situationen wie 1983 nicht mehr passieren können.

Das Mittel dies zu erreichen heißt „De-Alerting". Dies bezeichnet allgemein das Verfahren zur Implementierung von umkehrbaren Maßnahmen in einer nuklearen Waffe, um signifikant die Zeit vor dem Abschuss zu erhöhen.[70] Im besten Falle werden Stunden, Tage oder Wochen gewonnen, die den nötigen Zeitraum für diplomatische Handlungen bieten. Die Maßnahmen, welche nötig sind um „De-Alerting" zu betreiben sind von verschiedenster Art. In Bezug auf silogestützte ICBMs ist es zum Beispiel möglich die Silos mit Erde zu bedecken, welche vor dem Abschuss erst entfernt werden muss. Die Verifikation einer solchen Maßnahme wäre leicht durch Aufklärungssatelliten zu erreichen. Ebenso wäre es möglich, elementare technische Komponenten aus den Raketen zu entfernen - bis hin zu einer getrennten Lagerung von Gefechtsköpfen und Trägersystemen. Gleich welche Maßnahmen ergriffen werden, die Zeit zwischen Alarm und Abschuss zu erhöhen, ist es in jeden Falle notwendig, eine gegenseitige Verifikation zu ermöglichen. Hierbei könnte man auf die Erfahrungen des Verifikationsregimes des START I-Vertrages und die Verbesserungen des NEW START-Vertrages zurückgreifen, um die Maßnahmen des „De-Alerting" zu verifizieren. „De-Alerting" dient somit nicht nur dem Zweck die Fehlersicherheit zu erhöhen, es ist in der Phase fortbestehender „MAD-stability" auch eine weitere vertrauensbildende Maßnahme.

---

[70] Vgl. Refraiming De Alert, EastWest Institute 2009. S.11.

4.3.3 Mutual assured Protection

Der Ausweg aus einer „MAD-stability" ist ein langwieriger Prozess. Die Problematik, die darin liegt, ein neues Konzept anstelle von MAD einzusetzen, gründet sich auf dem enormen technischen und finanziellen Aufwand, den alle beteiligten Staaten erbringen müssen, um die Grundlage dafür zu schaffen. Die Abrüstung auf ein minimales, zur Erhaltung der „MAD-stability" nötiges Niveau an Nuklearwaffen ist hierbei der erste Schritt der zu vollbringen ist.

Als zweiter Schritt müsste ein Konzept gefunden werden, welches in der Lage ist, die Strategische Stabilität zu gewährleisten, ohne dabei auf die Garantie gegenseitiger Vernichtung angewiesen zu ein. Ein Ansatz der dafür geeignet scheint ist das Konzept von „Mutual Assured Protection", kurz MAP genannt.

„The System of strategic focus is considered as MAP stable if the relationship between offensive and defensive Arms is such that it makes the territoris of both Sides invulnerable to ballistic missiles. For Example the strategic System would be MAP-stable if each Side had 150 Warheads and a global protection System could intercept 200 Warheads.[71]

Das Konzept MAP basiert darauf, dem potentiellen Feind zu garantieren, dass jedweder Angriff mit Nuklearwaffen umgehend abgewehrt wird. Im Vergleich zum MAD Konzept, das auf der Verwundbarkeit des eigenen Landes basierte, garantiert man den Gegner also die Unverwundbarkeit des eigenen Landes. Die Vorteile einer solchen „MAP-stability" liegen darin, dass es nunmehr möglich wäre, die Untergrenze an Nuklearwaffen innerhalb einer „MAD-stability" zu unterschreiten, da es nicht mehr nötig ist, eine „overkill capacity" aufrecht zu erhalten. In einer „MAP stability" fällt die Möglichkeit eines gegnerischen Entwaffnungsschlages und somit auch die Berechtigung für eine „overkill capacity" weg. In Bezug Fehler technischen oder menschlichen Ursprunges, wie z.B. Fehlerkennungen von Aufklärungssatelliten - so geschehen 1983 im Falle von Oberstleutnant Petrow - ist das MAP-Konzept wesentlich toleranter. Analog zum Vorfall 1983 ergäbe sich in einer „MAP-stability" ebenfalls eine Kettenreaktion anhand der Kommandokette, die nach einer Frühwarnerkennung gestartet würde. Der Unterschied liegt darin, dass am Ende einer solchen Kettenreaktion dann kein massiver Vergeltungsschlag stünde, sondern der Abschuss der vermuteten Raketen.

---

[71] Best, M. Piantkowsky,A. Modells for Security Policy in the Post Cold War Era. München 1996. S.142.

4.3.3.1 Die Grunprinzipien von „MAP stability"

Für MAP gelten keine anderen Grundprinzipien, die nicht auch schon für MAD galten. Rationalität und Glaubwürdigkeit blieben die Grundpfeiler einer funktionierenden „MAP-stability". Die für MAD nötige „overkill capacity" würde wie bereits erwähnt wegfallen.

Rationalität bedeutet nunmehr, die Annahme das ein rationeller Entscheidungsträger eines Staates in einer MAP-Situation zu einem anderen Land - obgleich sein Land durch die garantierte Unverwundbarkeit keinen Schaden erleiden kann - nicht leichtfertig eine Kriegserklärung ausspricht, auch nicht um den möglichen Konflikt auf konventioneller Ebene auszutragen. Die technische und menschliche Glaubwürdigkeit ist analog zu MAD einer der Grundpfeiler des MAP-Konzeptes. Von menschlicher Seite aus ergeben sich wesentlich weniger Schwierigkeiten, um die Glaubwürdigkeit herzustellen. Oberstleutnant Petrow hat 1983 deutlich gezeigt, welche Probleme darin liegen, die Glaubwürdigkeit auf menschlicher Seite innerhalb einer „MAD-stability" zu garantieren. Dies fällt im MAP-Konzept wesentlich leichter, da in der MAP-Kettenreaktion eben kein Nuklearkrieg am Ende steht, sondern der Abschuss der feindlichen Raketen. Auf technischer Ebene ist die Glaubwürdigkeit schon wesentlich schwerer herzustellen. Interkontinentale Raketen, seien es ICBMs oder SLBMs, sind aufgrund der Hitzesignatur am einfachsten kurz nach dem Start, vor der Auftrennung der Sektionen abzufangen. Ein global wirksames Abwehrsystem aufzustellen bedeutet einen enormen Aufwand, und eine Garantie der Abwehr ist im Falle eines nuklearen Angriffs eine notwendige Bedingung an dieses System.

4.3.3.2 Herausforderungen und Kritik

Die Herstellung der Grundwerte von „MAP-stability" - Rationalität und Glaubwürdigkeit - ist nicht die einzige Herausforderung, die ein solches Konzept zu überwinden hat. Eine der größten Herausforderungen liegt in der geopolitischen Situation Russlands. Russland ist eine der beiden größten Atommächte und wird dies in naher Zukunft auch bleiben. Das Problem Russland liegt darin begründet, dass die enorme Größe des Landes und der schlechte Zustand der russischen Streitkräfte konventioneller Art - wie er im Georgien-Konflikt deutlich wurde - es unwahrscheinlich machen, dass Russland seine nationalen und sicherheitspolitischen Interessen mehrheitlich auf konventionellen Wege durchsetzen kann, wie es zum Beispiel die USA aktuell zu tun in der Lage sind. Russland wird auch in Zukunft nicht auf Nuklearwaffen verzichten können und wollen. Nach der reinen Definition von „MAP stability" stellt dies kein Problem dar. Auch innerhalb von „MAD-stability" kann man nicht davon sprechen, das jede Nuklearmacht zu jeder anderen in einem MAD-Verhältnis steht. Rein nach Definition wäre es also möglich, dass Russland und die USA bzw. die NATO Staaten sich in eine „MAP-stability" begeben und dennoch eine nukleare Abschreckung gegen andere Staaten beibehalten. In der Realität ergibt sich dabei folgendes Problem: Die Untergrenze an nötigen Nuklearwaffen wird dann nicht durch das Verhältnis der Partner innerhalb der „MAP-stability" bestimmt, sondern durch die Menge an Nuklearwaffen der Mächte außerhalb von MAP . Dazu entsteht die - anhand der Aussagen der Doktrinen als gering einzuschätzende – Gefahr, dass Nuklearmächte mit der Fähigkeit zur Abwehr ihre Waffen nunmehr erneut als Druckmittel gegenüber anderen Staaten einsetzen ohne für das Bestehende Abschreckungspotential kleinerer Nuklearmächte anfällig zu sein.

Das Konzept von MAP ist auf der Ebene der konventionellen Waffen aufgrund der Unverwundbarkeit des eigenen Landes anfälliger für einen potentiellen Rüstungswettlauf als das Konzept von MAD. Daher ist es neben den genannten Bedingungen zur Erlangung einer „MAP-stability" unbedingt notwendig, den Prozess der konventionellen Rüstungskontrolle fortzusetzen und zu intensivieren.

5. Fazit

US-Präsident Kennedy rief in seiner Amtseinführungsrede am 20. Januar 1961 das amerikanische Volk dazu auf, das lange „Gleichgewicht des Schreckens" zu erdulden. Um dieses sensible Gleichgewicht zu erhalten, erkannte und betonte er die Notwendigkeit Waffen, insbesondere Nuklearwaffen zu besitzen und notfalls auch den Willen zu haben diese einzusetzen. Die Führer beider Blöcke des kalten Krieges vor und nach Kennedy hielten an diesem Prinzip der Abschreckung des Gegners fest. Die Rolle die den Nuklearwaffen im Kalten Krieg zu kommt wirkt im Grunde paradox. Den Erfolg eines Waffensystems daran zu bemessen, dass keiner der beiden Blöcke es eingesetzt hat, gehört zu den Phänomenen, die den Begriff und die Ära des Kalten Krieges bis heute prägen. Daraus ergeben sich jedoch auch die Herausforderungen für die Zeit nach dem propagierten Ende des Kalten Krieges. Das Ende der Sowjetunion durch die Alma-Ata-Erklärung am 21. Dezember 1991 kam vielleicht angesichts der bekannten wirtschaftlichen Zustände und des Niedergangs der Sowjetunion seit den 80er Jahren des 20. Jahrhunderts für einige Experten nicht überraschend, doch in historischen Maßstäben bemessen ist der eigentliche Zerfall rasch geschehen. Eine Dynamik der Ereignisse Ende der 80er Jahre Anfang der 90er Jahre, die aus deutscher Sicht verständlicherweise geprägt ist durch die Lösung der deutschen Frage, aus weltpolitischer Sicht jedoch vor allem die Frage stellt nach dem System danach. Der Übergang aus der bipolaren Weltordnung in eine neue Form brachte Herausforderungen mit sich, für die weder die verbleibende Supermacht USA noch die NATO einen klaren Plan hatte. In Bezug auf die Nuklearwaffen beider Seiten bedeutete dies neue Probleme. Die Sicherheit der Nuklearwaffen der nun ehemaligen Sowjetunion innerhalb der - angesichts des Machtvakuums - teilweise chaotischen Umstände, zu gewährleisten ist nur eines davon. Der fast ein Jahrzehnt lang verhandelte START I-Vertrag kann angesichts der raschen Änderungen der weltpolitischen Lage schon kurz nach der Unterzeichnung als gewisser Anachronismus gesehen werden. Das Lissabon-Protokoll zum START I-Vertrag regelt zwar die Situation der Nuklearwaffen auf dem Gebiet der ehemaligen sowjetischen Teilrepubliken Belarus, Kazachstan und der Ukraine, doch die grundlegende Festlegung der Obergrenze auf 6000 „deployed warheads" ist bereits zu diesem Zeitpunkt im Grunde überholt. Die bereits vor Vertragsunterzeichnung erfolgten Ankündigungen von weiteren unilateralen Abrüstungen[72] und die bereits beschlossene Aufnahme von

---

[72] Presidential nuclear Initiatives 27.9.1991.

Verhandlungen über einen Nachfolgevertrag zeugen davon, dass diese Erkenntnis durchaus anerkannt war.

Der bereits am 3. Oktober 1993 - also noch vor dem Inkrafttreten des START I-Vertrages am 5. Dezember 1994 - durch US-Präsident George H. W. Bush und den russischen Präsidenten Boris Jelzin unterzeichnete START II-Vertrag, stellt also die logische Konsequenz dieser Überlegungen dar. Der Vertrag beinhaltet im Vergleich zu seinem Vorgänger, aber auch in Vergleich zu seinen „Nachfolgern"[73] wesentliche Vorteile. Auf eine Anrechnungsmethode für Gefechtsköpfe oder Trägersysteme, wie sie in den drei anderen Verträgen vorgesehen ist, wird in dem START II-Vertrag gänzlich verzichtet. Dazu zielen die Bestimmungen des Vertrages nicht nur darauf ab, Obergrenzen einzuführen, die Eliminierung der MIRV-fähigen Waffensysteme, also der Systeme, die besonders destabilisierend sind, insbesondere der SS18 auf russischer und der US-MX Peacekeeper auf amerikanischer Seite, ist ein Ziel, welches in keinem der anderen Verträge elementar verfolgt wird. Der START II-Vertrag löst sich daher wesentlich mehr aus den Gedankengängen des Kalten Krieges, als es der START I-Vertrag - als ein Vertrag der aus der Zeit stammt - tun könnte. Jedoch löst er sich auch stärker als es der folgende SORT-Vertrag oder der NEW START-Vertrag überhaupt tun. Der SORT-Vertrag mutet sich angesichts des Scheiterns des START II-Vertrages an wie ein „kleinster gemeinsamer Nenner". Er wirkt wie ein Spiegelbild der erneut veränderten weltpolitischen Lage Ende der 90er Jahre des 20. Jahrhunderts. Angesichts der Debatten um ein Raketenabwehrsystem im ehemaligen Machtbereich der Sowjetunion, der NATO Osterweiterung oder auch um den begrenzten Einsatz von Nuklearwaffen, sog. „Mini Nukes", scheinen beide Mächte das Interesse an wirklicher Abrüstung verloren zu haben. Der SORT-Vertrag krankt am Fehlen eines Verifikationsregimes und der Eigenart, dass nur „operational deployed warheads" gezählt werden, solche in Reserve oder in Wartung befindliche fallen heraus. Eine beträchtliche Abrüstung kann demnach angesichts des Vergleichs mit den durch den START I-Vertrag veröffentlichen Jahreszahlen nicht festgestellt werden.

Der NEW START-Vertrag, der am 8. April 2010 von US-Präsident Obama und dem russischen Präsidenten Medwedew unterzeichnet wurde, bezieht seinen durchaus guten Ruf - vor allem in der europäischen Presse- und Politiklandschaft - sicherlich auch aus den Erfahrungen mit dem SORT-Vertrag. Es spielt sicherlich neben der zumeist erfolgten Titulierung als „NEW START" - Vertrag, auch die Beliebtheit des US-

---

[73] Der NEW START ist offiziell der Nachfolgevertrag von START I da START II niemals in Kraft trat.

Präsidenten Obama hierzulande eine Rolle. Der Vertrag bietet sicherlich einen enormen Fortschritt zum SORT-Vertrag, vor allem durch die Einführung eines, seit dem Auslaufen des START I-Vertrages im Dezember 2009, fehlenden Verifikationsregimes. Die Schwächen des Vertrages liegen in der erneuten Einführung eines Anrechnungssystems für Gefechtsköpfe, welches sogar über die Bestimmungen des START I-Vertrages hinausgeht. Dieses Zählsystem führt dazu, dass Russland theoretisch sogar die Anzahl seiner Gefechtsköpfe erhöhen dürfte und die USA eben nicht wie „DIE ZEIT" vom 23.12.2010 berichtet, ein Drittel ihrer Gefechtsköpfe verschrotten[74], da sie eben „nur" 1.800 anrechenbare Gefechtsköpfe besitzen.

Der NEW START –Vertrag ist also kein Quantensprung im Bereich der nuklearen Abrüstung, er bietet für den Anfang durch sein Verifikationsregimes eine Erhöhung der Stabilität und Transparenz zwischen den beiden größten Atommächten dieser Welt. Damit aus diesem Vertrag mehr wird, als nur eine vertrauensbildende Maßnahme, müssen Lösungen für die weiterhin vorhandenen Probleme der nuklearen Abrüstung gefunden werden. Die naheliegende Gefahr für den NEW START-Vertrag ist weiterhin die Beziehung von Offensiv- und Defensivwaffen. Amerikas Interesse an einem Ausbau der Raketenabwehr ist auch unter der Obama-Administration vorhanden und die Sorge darum war einer der Schwierigkeiten, die Präsident Obama für die Ratifikation des Vertrages überhaupt erst überwinden musste. Ein solches System, gleich welcher Art, sei es nun stationär in den Ländern des ehemaligen Warschauer Paktes oder durch den Zusammenschluss von see- und luftgestützten Systemen innerhalb der NATO, könnte zu einem Ausstiegsgrund aus dem Vertrag für Russland werden. Die Lösung dieses Problems kann im Grunde nur aus Kooperation mit Russland bestehen. Das zweite Problem, welches einer Lösung bedarf, betrifft die taktischen Nuklearwaffen. Auch im NEW START-Vertrag sind die taktischen Nuklearwaffen erneut kein Bestandteil der Verhandlungen. Russland besitzt in diesem Bereich 2.080 Gefechtsköpfe, die USA derer „nur" 760[75]. Verhandlungen darüber gestalten sich angesichts der offensichtlichen Unterschiede in der Ausrichtung der Nuklearstreitkräfte sicherlich nicht einfach, langfristig gesehen ist es jedoch nicht möglich, diese Waffen auszuklammern, falls der Prozess der nuklearen Abrüstung vorangehen soll.

Das größte Problem der vier untersuchten Verträge stellt jedoch die Grundausrichtung dar. Alle Verträge arbeiten mit Obergrenzen, sei es nun für „operationaly deployed

---

[74] Quelle ZEIT Online   http://www.zeit.de/politik/ausland/2010-12/start-abruestungsvertrag-usa,30.8.2011.
[75] NTI Stockpile chart August 2011 http://www.nti.org/db/disarmament/stockpile_chart.html,30.8.2011.

warheads", „deployed warheads" oder für Trägersysteme. Jede Grenze ist unter den gegebenen Umständen einer „MAD stability" durch die Anzahl der dafür nötigen Waffen beschränkt. Maßnahmen wie „Blank Targeting" oder die vielfältigen Möglichkeiten des „De-Alerting" sind dafür geeignet, die Sicherheit und die Stabilität in einer solchen „MAD stability" zu erhöhen. So erstrebenswert diese Maßnahmen sind, auch sie ändern nichts an der Situation, dass die Strategische Stabilität weiterhin auf der Androhung von totaler Vernichtung basiert. Die Rolle, die die Nuklearwaffen in den untersuchten Doktrinen einnehmen, bestätigen das Bild, das Nuklearwaffen auch in absehbarer Zukunft die „Ultima Ratio" bleiben werden. Dieser Zustand ist zumindest aus einem westlichen Wertesystem heraus nach dem Ende des Kalten Krieges unbefriedigend.

US-Präsident Obama setzte der US-Politik mit seiner Rede in Prag am 5. April 2009 das langfristige Ziel einer Welt ohne Atomwaffen und erkannte dabei selbst, dass es unwahrscheinlich ist, dieses Ziel zu seinen Lebzeiten zu erreichen. Anlass zur Annahme, dass Präsident Obama mit dieser Vermutung Unrecht, hat bietet der NEW START-Vertrag nicht unbedingt, denn auch mit diesem Vertrag wird das Dilemma der Dependenz von „MAD stability" und nuklearer Abrüstung nicht gelöst werden können. Einmal abgesehen von den erwähnten Problemen - taktische Atomwaffen und Raketenabwehrsystem - ist dieses Dilemma nur durch Abrüstung alleine nicht zu lösen. Das Vorgestellte Konzept einer „MAP stability" ist derzeit äußerst unwahrscheinlich, stellt aber zumindest eine theoretische Möglichkeit dar, wie Strategische Stabilität erlangt werden kann. Es ist jedoch insbesondere im Bereich der konventionellen Rüstungskontrolle mit zusätzlichem Aufwand verbunden.

Die große Frage, die sich stellt, ist die ob es gelingt, über einen - wie Präsident Obama richtig feststellte - langfristigen Zeitraum den politischen Willen aufzubringen durch fortwährende nukleare Abrüstung, sowohl im Bereich der strategischen Nuklearwaffen als auch bei den taktischen Nuklearwaffen, im Verbund mit einer Ausweitung der konventionellen Rüstungskontrolle, die Grundlagen zu schaffen, die nötig sind, damit es möglich wird die „MAD stability" durch „MAP stability" oder ein weiteres Konzept zu ersetzen.

Angesichts der mit dem NEW START-Vertrag erreichten, relativ geringen tatsächlichen Abrüstung und in Betrachtung der Rolle der Nuklearwaffen in den Doktrinen, ist die Aufbringung des politischen Willens zur fortwährenden nuklearen Abrüstung eine weitaus größere Herausforderung als es die Erbringung des technische und finanzielle Aufwandes ist.

6. Glossar

ABM Vertrag

Der 1972 unterzeichnete „anti balistic missile" beschränkte bis zu seiner Kündigung 2002 die Aufstellung von Raketenabwehrsystemen für ballistische Raketen.

ALCM

Der Begriff „air launched cruise misile" bezeichnet eine ballistische Rakete die vom Flugzeug aus gestartet wird.

Der Begriff „long-range ALCM" bezeichnet eine „ALCM" deren Reichweite über 600Km. beträgt.

Der Begriff „long-range nuclear ALCM" bezeichnet eine „longrange ALCM" die mit einem nuklearen Gefechtskopf bestückt ist.

Deployed warhead

„Deployed warheads" bezeichnet Gefechtsköpfe auf den dazugehörigen ICBMs, SLBMs oder schweren Bombern. Auch Gefechtsköpfe im Test und in Überholung zählen dazu.

Dismantled warhead

Ein "dismantled warhead" ist ein Gefechtskopf der in seine Bestandteile zerlegt wurde.

Flexible Response

Die Strategie von „flexible Response" bedeutet eine flexible Anpassung der Reaktion an die erfolgte Bedrohung.

Front sektion

Der Begriff „front section" bezeichnet den Teil der Rakete, welcher den oder die Wiedereintrittskörper sowie eventuelle „penetration Aids" beinhaltet.

Heavy Bomber

Ein „Heavy Bomber" bezeichnet einen Bomber dessen Reichweite über 8000 Km. Liegt oder der für „long-range ALCM" mit nuklearen Gefechtsköpfen ausgerüstet ist.

IAEO

Die Internationale Atomenergie –Organisation.

ICBM

Der Begriff "intercontinental ballistic missile" oder "ICBM" bezeichnet eine ballistische Rakete mit einer Reichweite von über 5.500 Km.

Launch canister

Ein "launch canister" ist ein Container, der direkt mit einer ICBM oder SLBM verbunden ist und dazu benutzt wurde bzw. benutzt werden kann, eine zusammengesetze ICBM oder SLBM zu transportieren, mit oder ohne Front Sektion, und der dazu diente bzw. dient um die Rakete zu starten.

Minimal deterence

Eine glaubwürdige „minimal deterence" bedeutet – ohne die Möglichkeiten einer „overkill capacity"- im Falle eines Erstschlages zumindest einen Gegenschlag zu garantieren. Es wird dabei im Prinzip zur Sicherung der Abschreckung die Bevölkerung des Gegners als „Geisel" genommen.

Massive retaliation

Die „massive Vergeltung" bezeichnet die Strategie, einen nuklearen oder konventionellen Angriff mit einem massiven Nuklearschlag zu beantworten.

National technical means

Die sog. „national technical means of verification" bezeichnen die technischen Möglichkeiten eines Staates zur Überwachung, von in diesem Falle in den Verträgen vereinbarten Maßnahmen. Dazu gehören Satelliten gestützte Überwachung, geophysische Überwachung oder auch elektrooptische Überwachung.

NPT

Der 1968 ins Leben gerufene „non proliferation treaty", der Atomwaffensperrvertrag regelt u.a. die Anerkennung der 5 etablierten Atommächte und den Verzicht der Nicht Kernwaffenstaaten auf atomare Rüstung.

Nuclear stockpile

Der "nuclear stockpile", also das nukleare Arsenal umfasst sowohl aktive, als auch inaktive Gefechtsköpfe, sowohl strategischer als auch taktischer Art.

Operationaly deployed warheads

„operationally deployed strategic nuclear warheads," bezeichnet die Gefechtsköpfe, welche auf im Einsatz befindlichen ICBMs, SLBMs oder schweren Bombern stationiert sind. Gefechtsköpfe im Test oder in Wartung und Reserve zählen nicht dazu.

Reentry vehicle

Der Begriff „reentry vehicle" bezeichnet den Teil der Frontsektion, der den Wiedereintritt in die Erdatmosphäre überleben kann.

Retired warhead

Ein "retired warhead" ist ein Gefechtskopf der außer Dienst gestellt wurde und auf die Abrüstung wartet. Diese Gefechtsköpfe sind kein Teil des "nuclear stockpile".

SLBM

Der Begriff "submarine-launched ballistic missile" oder "SLBM" bezeichnet eine ballistische Rakete mit einer Reichweite über 600 Km, welche auf einem U-Boot stationiert ist bzw. von einem U-Boot gestartet wurde.

Throw weight

Das „throw-weight" also das Wurfgewicht der Rakete bezeichnet allgemein das Gewicht all derer Komponenten mit Ausnahme des Startantriebes und des Starttreibstoffs.

7 Literatur

Air Force Magazine USA, März 1979.

Arms Control Reporter, Sammelband 1991.

Best, M. Piantkowsky,A. Modells for Security Policy in the Post Cold War Era. München 1996.

Cimbala, Stephen: Nuclear Weapons and cooperative Security in the 21 Century. London 2010.

Disarmament: a periodic review of the United Nations, Sammelband 1990,1991,1992.

Foreign Policy Sammelband 1990,1991,1992.

Foreign Affairs Sammelband 1990,1991,1992.

Gaddis, John: Der Kalte Krieg, eine neuere Geschichte. München 2007.

Goldblat, Jozef: Arms control : a guide to negotiations and agreements, London 1994.

Jahresabrüstungsbericht ... / hrsg. vom Presse- und Informationsamt der Bundesregierung, Bonn : Amt, 1982-1996.

Krause, Joachim:Strukturwandel der Bevölkerungspolitik : die Verbreitung von Massenvernichtungswaffen und die weltpolitische Transformation,Oldenbourg, 1998 .

Refraiming De Alert, EastWest Institute 2009

Survival : Global politics and strategy, Sammlband 1990,1991,1992.

Yost, David S.: Die Zukunft atomarer Rüstungskontrolle in Europa : von SALT zu START und INF. Koblenz 1984.

Internetquellen, zuletzt abgerufen am 30.8.2011

Arms Control Association: www.armscontrol.org

Berlin Information Center for Transatlantic Security: www.BITS.de

Federation of American Scientists: www.Fas.org

International Commission on Nuclear Non-proliferation and Disarmament: www.ICNND.org

India ministry of defense : http://mod.nic.in

Nuclear Threat Initiative: www.NTI.org

Ministry of defense – Government of Pakistan: http://www.mod.gov.pk/

Stockholm International Peace Research Institute: www.SIPRI.org

U.S. Department of State: www.State.gov

8. Anhang

Tabelle 1: START I Aggregate Numbers of Strategic Arms July 1997

Category of Data	Deployed ICBMs, SLBMs and their Launchers and deployed Heavy Bombers	Warheads attributed to deployed ICBMs, SLBMs and deployed heavy Bombers	Warheads attributed to deployed ICBMs and deployed SLBMs
Belarus	0	0	0
Kazakhstan	0	0	0
Russia	1198	5858	5232
Ukraine	13	130	130
USA	1299	7013	5695

Tabelle 2: START I Aggregate Numbers of Strategic Arms Januar 1999

Category of Data	Deployed ICBMs, SLBMs and their Launchers and deployed Heavy Bombers	Warheads attributed to deployed ICBMs, SLBMs and deployed heavy Bombers	Warheads attributed to deployed ICBMs and deployed SLBMs
Belarus	0	0	0
Kazakhstan	0	0	0
Russia	1422	6578	6014
Ukraine	87	784	440
USA	1480	7958	6227

Tabelle 3: START I Aggregate numbers of strategic Arms July 2001

Category of Data	Deployed ICBMs, SLBMs and their Launchers and deployed Heavy Bombers	Warheads attributed to deployed ICBMs, SLBMs and deployed heavy Bombers	Warheads attributed to deployed ICBMs and deployed SLBMs
Belarus	0	0	0
Kazakhstan	0	0	0
Russia	1198	5858	5232
Ukraine	13	130	130
USA	1299	7013	5698

The data in this fact sheet comes from the most recent aggregate MOU data exchanged by the Parties to the START Treaty. Only the more significant aggregate data is listed here and on the accompanying tables. The data under the "Total, Former USSR Parties" heading was compiled by the U.S. Department of State from the individual totals submitted by these Parties, and is provided for ease of comparison.

Note that all data reflects specific START counting rules. Within tables, a "--" denotes that the entry is not applicable. The complete unclassified MOU data of the Parties is available upon request from the Bureau of Arms Control, U.S. Department of State, Washington, DC 20520.

Quelle www.fas.org